850

Sémantique
de la poésie

Le présent recueil a été réalisé sous la direction
de Gérard Genette et Tzvetan Todorov

T. Todorov, W. Empson, J. Cohen,
G. Hartman, F. Rigolot

Sémantique
de la poésie

Éditions du Seuil

Sémantique est ici un abrégé pour « approches rhétoriques, sémantiques, linguistiques ou de poétique »; *poésie*, pour « aspects de la signification exploités par la poésie ». A la suite d'un texte de présentation sont étudiés deux phénomènes linguistiques dont la poésie tire grand parti, la polysémie et la figuration; les deux dernières études interrogent la spécificité du sémantisme poétique pris comme un tout.

ISBN 2-02-005282-2

Tzvetan Todorov

Synecdoques *

1

Commencer par une constatation : depuis quelques années on connaît en France un remarquable épanouissement de la réflexion sur la *figure* (ce dernier objet étant encore parfois remplacé par l'une de ses parties, dévoratrice, qui sans cesse tend à faire du tout une de ses propres parties : la métaphore). Que ce soit dans une analyse des principes, comme chez Gérard Genette ou chez Jacques Derrida, ou dans le travail d'élucidation et de classification de ces rhétoriciens modernes qui se nomment Jean Cohen, Francis Edeline ou Jacques Durand, et dont la subtilité dépasse de loin celle de leurs lointains précurseurs; ou encore dans le pressentiment, formulé par Benveniste et Barthes, que la figure régit non seulement l'emploi du langage mais aussi les autres systèmes symboliques. Est-ce le signe du réveil actuel de l'intérêt que l'on porte, disons pour aller vite, au langage, après des siècles d'oubli ou de mépris?

Prendre *à la lettre* (?) la formule de Nietzsche : « Les figures de rhétorique, c'est-à-dire l'essence du langage. »

* Paru originellement dans *Communications*, 16, 1970.

2

Depuis Cicéron on définit les figures par rapport à autre chose qui n'est pas elles, par rapport à une autre expression qui aurait pu se trouver à leur place. Ce sont des théories *substitutives* qui reposent sur la possibilité de mettre en équivalence (sémantique) deux signifiants, l'un propre, l'autre figuré. Et le terme non marqué (le propre) sera aussitôt assimilé à une norme, même si on ne s'accorde pas facilement sur sa nature. Les théories actuelles, dans leur grande majorité, n'ont fait que perfectionner, qu'affiner cette définition. La figure est un écart de la norme, l'expression figurée pourrait être remplacée par une expression plus normale, plus commune, plus simple, etc., etc. Or cette conception, obstinément répétée, se heurte à quelques objections. Résumons-les :

1. On s'accorde pour dire que tous les écarts ne sont pas des figures; mais personne n'a proposé un critère discriminatoire opérant pour séparer les écarts-figures des écarts-non figures. La définition est donc au moins incomplète : il lui manque la « différence spécifique ».

2. Mais quel prix faut-il payer pour maintenir la proposition inverse, que toutes les figures sont des écarts?

Écart de quoi? D'une norme. Le rêve des rhétoriciens modernes a été d'identifier cette norme avec le code de la langue. Et il est vrai qu'un certain nombre de figures représentent des infractions à la langue (par exemple, la plupart des « métaplasmes » de Klinkenberg). Mais ce nombre ne correspond qu'à une partie seulement des figures; pour les autres, on doit chercher la norme, non dans la langue, mais dans un type de discours. Ainsi Jean Cohen construit la norme du discours scientifique; et avant lui Pius Servien avait défini ce dernier comme étant fondé sur l'absence d'ambiguïté, la facilité de la paraphrase, la non-importance du rythme, etc. Évidemment on peut déclarer ensuite qu'un autre discours (le poétique; mais pourquoi pas : le journalistique, le quoditien., etc.) est une déviation du premier; mais que vaut cette observation? Les règles de la langue s'appliquent à tous les discours; les règles d'un discours ne s'appliquent qu'à lui; dire qu'elles sont absentes dans un autre discours est une tautologie. Chaque discours possède sa propre organisation qu'on ne peut pas forcément déduire en inversant celle d'un autre. Affirmer le contraire revient à considérer les chaises comme des tables déviantes.

Affirmer que les figures sont des écarts n'est donc pas faux; mais c'est une idée dont l'*utilité* paraît problématique. Et si l'on se limite aux infractions au code de la langue, celles-ci et les figures forment deux ensembles en intersection. Un tel fait mérite, bien sûr, qu'on s'y arrête (pourquoi certaines infractions sont-elles perçues comme des figures?) mais n'explique pas la nature de figure.

Ce qui ne donne pas pour autant raison aux récents « détracteurs » de l'écart. Et ceci non seulement parce que le refus de cette définition cache souvent, comme l'a prouvé la véritable « chasse aux sorcières » à laquelle était soumis Jean Cohen, un obscurantisme bien ancien selon lequel la littérature est un objet inconnaissable. Mais aussi à cause d'un principe qu'on pourrait dénommer « la relative indépendance de l'observation par rapport à l'idéologie ». Si on décrit une figure comme étant tel type de répétition, la description peut rester bonne même si la norme, contrairement aux suppositions du rhétoricien, n'exclut pas les répétitions. La théorie de l'écart échoue au niveau de l'explication mais pas forcément à celui de la description.

3

Ce n'est pas ainsi cependant qu'Aristote définit la figure. Pour lui il ne s'agit pas de la substitution d'une expression figurée à une expression propre; mais de l'apparition d'un sens figuré à la place d'un sens propre. Les avantages de cette définition sautent aux yeux : à la place de la problématique équivalence sémantique entre les deux expressions, on met, comme base de la comparaison, l'identité indéniable d'un mot (sons ou graphie) à lui-même, lorsqu'il a plus d'un sens. Il suffit alors d'écarter l'idée d'un sens propre (étymologique) pour la remplacer par celle d'un sens indépendant du contexte, perçu comme principal à l'intérieur d'un système synchronique (facile à établir dans la grande majorité des cas).

Les rhétoriciens ont constamment confondu les deux opérations et agi comme s'il n'y avait entre elles aucune différence. Je ne cite qu'un exemple tiré du livre de Hedvig Konrad : « On nomme les mots produisant cet effet étranger, termes transposés, et on parle dans ce cas de *changement de sens*. Les métaphores sont donc une forme spéciale des changements de sens... Ainsi le substantif *queue* désigne, dans son emploi métaphorique, le substantif *file*... »

Comment s'expliquer cette « bévue »? Sans doute, par la non-distinction entre signifiant et signifié; plus exactement, par ce handicap inné à la sémantique, de ne pouvoir parler des mots qu'à l'aide de mots. Comme le deuxième sens de *queue* se laisse (approximativement) paraphraser par *file*, on a eu recours, dans la description, à un second mot, *file*; ensuite, l'opération métalinguistique (de donner un nouveau nom au second sens du mot *queue*) a été prise pour l'opération métaphorique elle-même. D'où, dans les traités de rhétori-

que classiques, les traductions des emplois métaphoriques en termes « propres », perçues comme le réta-
blissement d'un mot propre à la place de la métaphore.
D'où l'indignation déplacée d'un Breton : le poète
n'a pas voulu dire autre chose qu'il ne dit, mais les
mots disent dans les métaphores autre chose qu'ils ne
signifient habituellement.

Fontanier est un des rares à être conscient de la différence entre les deux opérations; il définit les *tropes*
comme la substitution d'un signifié à un autre, le
signifiant restant identique; et les *figures*, comme la
substitution d'un signifiant à un autre, le signifié étant
le même. D'où la fameuse (aujourd'hui, non à l'époque)
querelle de la catachrèse : non-figure pour Fontanier,
comme déjà pour Beauzée, car il n'y a pas d'autre
mot qui pourrait remplacer le *pied* de la table et l'*aile*
du moulin. Mais peut-être que l'opposition importante
est à l'autre bout de la chaîne : non entre l'exceptionnelle catachrèse, où l'on ne peut pas remplacer le signifiant présent par un autre, équivalent, et toutes les autres
figures; mais entre l'exceptionnelle *allégorie* où cette
substitution est possible et toutes les autres figures où
elle ne l'est pas.

4

L'adage : la métaphore est une exception, se trouve
naturellement accompagné de son contraire : la métaphore est la règle. Vico a développé l'une des variantes
de cette idée, Hamann et Herder, Condillac et Rousseau
en ont donné d'autres (Derrida a commenté les deux
dernières). Variantes considérables, d'ailleurs : pour
Vico le premier langage était métaphorique (« Nous
croyons avoir démontré que tous les tropes, dont nous
réduisons le nombre à quatre [métaphore, métonymie,

synecdoque, ironie] n'ont pas été, comme on l'a voulu jusqu'ici, de spirituelles inventions des écrivains, mais seulement des manières nécessaires de s'exprimer dont toutes les premières nations poétiques ont fait usage ») mais uniquement vu à partir du présent; à l'aube du langage, ces tropes étaient la seule manière de s'exprimer, la manière « simple et commune »; ils étaient l'expression propre, alors que celle que nous nommons ainsi est en fait dérivée, tardive. Cette antériorité se justifie, entre autres, par le fait qu'au début on cherchait un « rapport naturel » entre signes et sens; c'est pourquoi d'ailleurs « les nations, d'abord muettes, commencèrent à parler au moyen de l'écriture » (cette identité formelle entre l'écriture, plus exactement les hiéroglyphes, et les figures rhétoriques est affirmée déjà par Clément d'Alexandrie : les hiéroglyphes signifient aussi « par symbole, au moyen des tropes »).

Nietzsche, en revanche, affirme que tout le langage est métaphorique — maintenant. Le mot (le concept) ne désigne un fait ou un phénomène qu'à l'aide de l'abstraction en omettant plusieurs de leurs traits. « Tout concept naît de l'identification du non-identique. Aussi certainement qu'une feuille n'est jamais tout à fait identique à une autre, aussi certainement le concept feuille a été formé grâce à l'abandon délibéré de ces différences individuelles, grâce à un oubli des caractéristiques. » Mais cette identification de la partie au tout est une figure de rhétorique : la synecdoque (Nietzsche la nomme tantôt métaphore, tantôt métonymie). Tout le langage est donc fait de tropes : « Il n'y a pas d'expression propre et pas de connaissance propre sans métaphore. » C'est pourquoi la métaphore s'élève au rang de trait distinctif de l'humanité : Nietzsche parle de « cet instinct qui pousse à former des métaphores, cet instinct fondamental de l'homme dont on ne peut faire abstraction un seul instant, car on ferait abstraction de l'homme lui-même », et appelle l'homme, un *animal métaphorique*.

Ces expressions sont sans doute moins « métaphoriques » qu'elles ne paraissent. Lorsque les linguistes modernes s'interrogent, à la suite des travaux sur la communication animale, sur les traits spécifiques du langage humain, ils parviennent à des conclusions pas très éloignées de celles de Nietzsche. L'un de ces traits sera la possibilité d'utiliser les mots dans un sens qui n'est pas connu au préalable de la communauté linguistique, tout en se faisant parfaitement comprendre; autrement dit, c'est l'aptitude à forger des métaphores.

La théorie de Nietzsche circonscrit les limites de cet esprit pédant au nom duquel on vous somme d'écarter toute métaphore de votre discours, si vous recherchez la vérité, la connaissance ou la science. Ce n'est là, nous dit Nietzsche, qu'une exigence de se servir de métaphores usées. « Le *fait de connaître* est seulement le fait de travailler sur les métaphores les plus agréées. » « Être véridique, c'est-à-dire employer les métaphores usuelles. »

Mais si l'on dit que tout, dans le langage, est métaphorique, que la seule différence existante est « entre coutume et nouveauté, fréquence et rareté », on refuse la singularité de la métaphore, on renonce donc à son existence même. Nietzsche écrit : « C'est seulement grâce à sa capacité d'oubli que l'homme peut parvenir à croire qu'il possède une *vérité*... » Mais l'oubli existe. Refuser l'oubli, c'est refuser le changement, l'histoire; ou, en termes saussuriens, la différence entre synchronie et diachronie. Si diachroniquement tout le langage est métaphorique, synchroniquement l'une de ses parties l'est seulement. Paradoxalement, l'interrogation sur l'origine procède d'une pensée anhistorique.

5

A côté de la théorie « classique » de la métaphore comme exception et de la théorie « romantique » de la métaphore comme règle, il existe une troisième théorie, qu'on pourrait appeler « formelle » : celle qui cherche à décrire le phénomène linguistique en lui-même, et à l'intérieur d'une coupe synchronique. On l'a vue annoncée par Aristote, sous une forme à vrai dire désavantageuse : non seulement à cause de la croyance au sens propre, mais aussi de celle que le nouveau sens *remplace* l'ancien. I. A. Richards sera le premier à remarquer que, plutôt que d'une substitution, il s'agit d'une *interaction*. Le sens principal ne disparaît pas (sinon il n'y aurait pas de métaphore), il recule au deuxième plan, derrière le sens métaphorique; entre les deux s'établit une relation qui semble être une affirmation d'identité, une mise en équivalence (« comme le mot lui-même le prouve »). Mais l'équivalence, ou l'identité, n'est pas, elle non plus, une relation simple... L'étude de la métaphore devient un chapitre dans l'étude de l'interaction des sens (métaphoriques ou non); un ouvrage fondamental lui est consacré, *The Structure of Complex Words* de William Empson, première théorie des sens multiples [1].

Une telle explication ne vaut, évidemment, que pour les tropes. En ce qui concerne les figures (sans changement de sens), on trouve dans les anciens traités de rhétorique une autre suggestion intéressante : elles forment une partie des relations entre unités linguistiques, celles que nous savons identifier et dénommer. Ce sont comme des figures géométriques apposées sur la transparence du langage : répétitions, antithèses,

1. Cf., ici même, p. 27-83.

gradations, chiasmes; elles sont comme une grille à travers laquelle nous commençons à percevoir ce qui jouissait jusqu'alors de l'invisibilité du « naturel » : le langage. La figure de rhétorique, c'est du langage perçu en tant que tel. C'est ce que Novalis appelait *Selbstsprache*, et Khlebnikov, *samovitaja rech'*.

6

On peut illustrer la relative indépendance de la description par rapport à l'explication en rappelant l'analyse que fait le groupe Mu des tropes et, plus particulièrement, de la synecdoque. Tout comme dans les contes de fées ou dans *le Roi Lear*, où la troisième fille, longuement méprisée, se révèle être à la fin la plus belle ou la plus intelligente, Synecdoque, qu'on a longtemps négligée — jusqu'à ignorer son existence — à cause de ses aînées, Métaphore et Métonymie, nous apparaît aujourd'hui comme la figure fondamentale (Fouquelin et Cassirer l'avaient pressenti).

Dans son étude de la synecdoque, le groupe Mu a pris au sérieux un principe que beaucoup d'auteurs acceptent aujourd'hui, et il en a suivi les conséquences; son analyse est juste si le principe est vrai : à savoir qu'il est possible de décomposer un mot sur le plan sémantique. Cette décomposition, qu'on appelle aujourd'hui sémique ou componentielle, les Liégeois nous rappellent qu'elle peut être de deux *types*. Le premier est conjonctif et matériel : un fauteuil doit avoir un siège, *et* un dossier, *et* des bras, *et* des pieds, etc. Le second type est disjonctif et conceptuel : une sphère peut être *ou* une tête, *ou* un ballon, *ou* une pastèque, etc. Autrement dit, dans ce deuxième cas, nous extrayons de tête, ballon, pastèque une propriété (un sème) commune, que l'on considère comme une classe (le

bon sens veut que « sphérique » soit une partie de
« tête », mais du point de vue logique « tête » est un
élément de la classe « sphère »).

D'autre part, on peut descendre ou remonter la chaîne
de sens qui s'englobent ainsi, d'où une synecdoque
généralisante ou particularisante. Évidemment la généralisation a un sens différent selon que la décomposition
a été matérielle ou conceptuelle : « La " partie " matérielle est plus petite que son tout, alors que la " partie "
sémique est plus générale que lui. »

La synecdoque consiste à employer le mot dans un
sens qui est une partie d'un autre sens du même mot,
suivant l'un ou l'autre type de décomposition, l'une ou
l'autre direction. Le fameux « voile » employé dans un
sens proche de celui de « bateau » est une synecdoque
matérielle particularisante ; « homme » dans un sens
proche de celui de « main », généralisante, etc.

La métaphore, alors, n'est qu'une double synecdoque.
Tout se passe, dans la métaphore, comme si un sens
intermédiaire, la partie identique des deux sens en jeu,
avait fonctionné comme synecdoque de l'un et de
l'autre. Pour que les deux sens puissent être subsumés
par le même signifiant (comme si ce n'étaient pas
deux sens mais un seul), on procède « d'abord » à une
représentation synecdochique de chacun. Par exemple,
/flexible/ est une synecdoque pour /bouleau/ et pour
/jeune fille/, ce qui permet de donner à « bouleau »
un sens métaphorique proche de celui du mot « jeune
fille ».

La métonymie est également une double synecdoque
mais en sens contraire : elle est symétrique et inverse à
la métaphore. Ici chacun des deux sens fonctionne
comme la synecdoque d'un troisième sens qui les
englobe. Lorsqu'on nomme l'auteur pour parler de
ses œuvres, l'un comme l'autre agissent à la manière
de synecdoques, par rapport à un ensemble plus vaste

qui inclut la vie, les œuvres, etc. La mise en équivalence des deux sens devient possible car tous deux appartiennent au même ensemble.

On n'a pas encore entrevu toutes les conséquences de cette analyse logique. En voici une, toute simple, qui illustre bien l'inattention portée aux faits rhétoriques jusque maintenant : Jakobson identifie la condensation de Freud avec la synecdoque; Lacan le fait, avec la métaphore. Contradiction? Non, car la métaphore n'est qu'une double synecdoque.

7

Pourquoi classer les figures de rhétorique? Ce qu'on reproche aux anciens rhéteurs, c'est d'avoir fait des classifications qui ne nous révèlent rien d'essentiel sur les propriétés des figures (sans parler des inconséquences logiques, des classes chevauchantes, etc.). L'apport positif des linguistes consiste à avoir cherché, derrière les figures individuelles, les catégories qui sont véritablement en jeu; cherché à formuler les règles d'une combinatoire dont les figures sont le produit. En ce sens, comme dit Frye, classifier c'est clarifier.

Ces catégories sont de plusieurs types. Le plus évident concerne la nature des unités linguistiques dans lesquelles se réalise la figure. Cette série de catégories se subdivise d'ailleurs aussitôt en deux, suivant que l'on observe les *dimensions* de l'unité ou son *niveau* (point de vue syntagmatique et paradigmatique). Dans le premier cas, on peut isoler les degrés suivants : 1) le son (ou la lettre) isolé; 2) le morphème (ou le mot); 3) le syntagme; 4) la phrase (ou l'énoncé). Et dans le deuxième : 1) Les sons ou la graphie; 2) la syntaxe; 3) la sémantique. A l'intérieur de cette dernière classe, on sera obligé d'opposer les rapports séman-

tiques syntagmatiques aux rapports sémantiques para-
digmatiques. Bien entendu, certaines figures participent
de plusieurs catégories à la fois, par exemple la répétition est répétition de sons (lettres) et de sens à la fois.

Une seconde dimension, moins évidente, concerne
les opérations dont chacune des figures est le résultat.
Le groupe Mu et Jacques Durand s'accordent pour
y voir quatre opérations : adjonction, suppression,
substitution (c'est-à-dire suppression *et* adjonction)
et permutation. Une telle division est certainement
irréprochable sur le plan logique; mais on peut se
demander jusqu'à quel point elle correspond aux
propriétés essentielles des figures et n'est pas un simple
procédé mnémotechnique. Ullmann rapportait déjà
une classification des changements sémantiques en trois :
extension, restriction et déplacement; est-on pour cela
très avancé dans la connaissance des figures?

L'accord ne s'est pas encore fait sur les autres types
de catégories qu'il faudrait introduire dans cette combinatoire. Jacques Durand a montré qu'on peut distinguer
avec précision, dans la relation de deux termes, des
degrés tels que « identité », « similarité », « différence »
et « opposition »; le groupe de Liège qualifie ces opérations de « simples », « partielles », « complètes », etc.
On peut se fonder aussi sur des catégories plus linguistiques, comme, chez Jean Cohen, sens posé et
présupposé; ou encore l'ambiguïté, l'accord, etc.
(aucune classification n'est définitive).

8

Si un auteur de l'époque classique emploie le mot
« flamme » dans un sens métaphorique, on ne peut
pas affirmer qu'il veut dire *amour*. Il veut nommer
un sens qui ne peut être nommé avec exactitude par

aucun autre signifiant. Le mot « flamme » ainsi employé est le moyen le plus direct qui soit de signifier ce qu'il signifie. « Flamme » ne signifie pas *amour*, au sens où « amour » signifie *amour*.

Quel est alors le rôle du mot « amour » dans ce cas, pourquoi l'a-t-on évoqué aussi fréquemment? Le sens est inséparable du mot (le signifié du signifiant), l'un n'existe pas sans l'autre, et un signifié ne se laisse pas nommer par deux signifiants. Cependant les mots ne sont pas des îles isolées, ils communiquent entre eux et forment, sinon un système, tout au moins un ensemble. L'unicité du rapport signifiant-signifié n'empêche pas l'existence de relations d'un signifié à l'autre. C'est ainsi que le mot « flamme » employé métaphoriquement évoque (mais ne signifie pas) le mot « amour ». « Amour » est, disons, la périphrase la plus proche par laquelle on peut recréer le sens du mot « flamme », lorsque celui-ci est employé métaphoriquement.

Il existe donc, à l'intérieur du système verbal, deux types de rapports qui, à première vue, ont tous deux quelque chose à voir avec la signification mais qui sont pourtant suffisamment spécifiques pour mériter, chacun, un nom différent. Appelons le rapport entre le signifiant « flamme » et le signifié « flamme » *signification*, et celui entre le signifié « flamme » et le signifié « amour », *symbolisation*. Les tropes nous livrent alors le code de la symbolisation, car ils formulent les différents rapports possibles d'un signifié à l'autre, ou mieux, d'un symbolisant à un symbolisé. Le rapport symbolique consiste en l'association stable de deux entités de même nature et qui peuvent exister indépendamment l'une de l'autre.

Mainte propriété attribuée communément aux signes devrait l'être aux symboles. On dit par exemple que le signifié devient à son tour signifiant et inaugure ainsi un processus en chaîne; or c'est la symbolisation seule

qui peut se prolonger de la sorte, formant des chaînes
infinies; la signification se limite à l'union d'un signifiant
et d'un signifié.

9

Il faut ici rouvrir le dossier de l' « arbitraire du signe ».

Cette question vieille de deux mille ans a été remise à
la mode par Saussure, qui affirme l'arbitraire du signe,
et, plus récemment encore, par Benveniste qui lui
rétorque : le signe n'est pas arbitraire *mais* nécessaire.
Une longue discussion s'ensuivit; on en lira le résumé
dans la thèse d'Engler.

Or la question ne se pose pas de la même manière
suivant qu'il est question d'un signe ou d'un symbole.
La relation entre un signifiant et un signifié est obligatoirement *immotivée* : il est impensable qu'une
suite graphique ou sonore ressemble (ou soit contiguë,
etc.) à un sens. En même temps, cette relation est
nécessaire, en ce sens que le signifié ne peut pas exister
sans le signifiant, et inversement. En revanche, dans le
symbole, la relation entre symbolisant et symbolisé
est *non nécessaire* (ou « arbitraire ») car le symbolisant
comme le symbolisé peuvent exister en dehors de cette
relation; pour cette raison même, la relation ne peut
être que *motivée* car autrement rien ne nous pousserait
à l'établir. Il n'existe donc pas de signes partiellement
ou relativement motivés car la relation de signification
implique l'immotivation; en revanche *tous* les symboles
sont motivés, et non seulement quelques-uns parmi
eux, bien que de manières différentes. Benveniste
l'avait noté dans une autre étude : « A la différence du
signe linguistique, ces signifiants multiples et ce signifié
unique [nous disons : symbolisants et symbolisé]
sont constamment liés par un rapport de *motivation*. »

Qu'en est-il de ce qu'on appelle couramment la
« motivation du signe »? Prenons d'abord le cas le plus
fréquemment cité, celui des onomatopées : « coucou »
ou « borborygme » sont censés être des signes motivés
car ils ressemblent aux choses qu'ils désignent. Mais,
on le voit tout de suite, ce n'est pas la relation de
signification qui est motivée, c'est celle de dénotation
(ou de référence). Les sons « coucou » ne ressemblent
pas (ne peuvent pas ressembler) au sens *coucou* mais au
référent (le chant de l'oiseau) ou à sa représentation
mentale (celle-ci remplace le référent et n'est en aucun
cas identique au signifié). En ce sens, la dénotation est
un cas particulier de symbolisation.

Saussure, parlant de l'arbitraire (et voulant dire
l'immotivé), n'avait pas confondu le rapport signe-
référent avec celui de signifiant à signifié. Il est d'ailleurs
bien conscient du premier de ces rapports, et il réserve
à son étude un nom particulier : l'*onymique*. « Ce
qu'il y a de plus grossier dans la sémiologie : le cas où
elle est (par le hasard des objets qu'on choisit pour être
désignés) une simple onymique. » Le référent est un
« être extérieur » au langage.

Le deuxième type de « motivation » est celui qui
nous vient des tropes. Les sons « voile » et le sens *voile*
forment une relation immotivée; mais le sens *voile* et le
sens (qu'on peut provisoirement désigner par) *bateau*
forment une relation motivée : oui; mais seule la
première relation est de signification, la seconde est une
symbolisation. Cette motivation est possible car deux
sens peuvent se ressembler (ou être partie l'un de
l'autre, etc.), tout comme le pouvaient le signifiant et le
référent dans le cas de « coucou »; mais un signifiant
et un signifié ne peuvent jamais se ressembler.

Il reste la troisième « motivation », morphologique,
du type « poire-poirier/pomme-pommier ». Jakobson a
élargi de manière heureuse cette notion en parlant

d'une motivation diagrammatique. Il suffit cependant d'examiner ses exemples un par un pour voir qu'ils ne concernent jamais *un* signe, mais la relation de plusieurs signes. Une relation, disons, de succession, ou de gradation, ou d'antithèse dans l'ordre du signifiant peut ressembler à une relation dans l'ordre du signifié ; mais ce n'est plus la signification qui est motivée, c'est l'organisation du discours.

10

Le langage qui est un système de signes est envahi par de multiples autres codes qui sont tous des systèmes de symboles ; à tel point que, dirons-nous, la *communication* passe par un système de symboles, non de signes (ce qui ne revient pas à la théorie « romantique » de la métaphore : il s'agit ici de la synchronie, non de la diachronie, et de l'évincement d'un système par un autre. On peut aussi, à la manière de Vico, penser que c'est la signification qui remplace la symbolisation). Non seulement à cause de cette forme, répertoriée depuis longtemps mais dont l'importance est sous-estimée, qu'on appelle « étymologie populaire » ; ou de celle, nommée par Jakobson par analogie « étymologie poétique », où, grâce à la paronomase, le poète nous donne l'impression que les sens de deux mots sont reliés ; non seulement dans l'argot ou dans l'euphémisme où la présence des figures rhétoriques est évidente, mais aussi dans les cas les plus simples de la communication quotidienne où l'on parle toujours pour dire « autre chose », par synecdoque, métaphore, antiphrase ou métonymie. Comme l'a montré Gérard Genette, c'est Proust, plus que tout linguiste ou sémioticien, qui a pris conscience de l'emploi généralisé du « langage indirect ». Et ceci n'est pas le propre du salon des Guermantes : lorsqu'un jeune Dogon emploie un euphémisme, il parle par métaphore; mais lorsqu'il nomme les organes sexuels par leur nom, c'est pour indiquer, par métonymie, qu'il a atteint l'âge où l'on connaît les noms des choses.

On sera moins surpris encore de voir que les autres systèmes en œuvre dans la société fonctionnent à travers des symboles, non des signes. Ce n'est pas un hasard si Gelb découvre la relation *pars pro toto* à la base de l'écriture; si Frazer et Mauss décrivent le « langage » de la magie en termes quasi rhétoriques; si Freud le fait, non seulement pour l'échange verbal quotidien mais aussi pour les rêves; ou si l'on nous montre aujourd'hui que la publicité en relève de plein droit. Le groupe de Liège s'est posé comme tâche explicite de découvrir les figures rhétoriques au sein des systèmes non verbaux : il les y trouvera, non par la force d'un heureux hasard, mais parce que les figures décrivent la variété des rapports entre symbolisants et symbolisés. Freud avait déjà perçu cette unité : « Cette symbolique n'est pas spéciale au rêve, on la retrouve dans toute l'imagerie inconsciente, dans toutes les représentations collectives, populaires notamment : dans le folklore, les mythes, les légendes, les dictons, les proverbes, les jeux de mots courants... » Et Benveniste, en commentant ce texte, avait bien vu le niveau de pertinence de cette symbolique dans le langage : c'est « dans le style plutôt que dans la langue », dans « les grandes unités du discours plutôt que dans les unités minimales », dans « le vieux catalogue des tropes ». La sémiotique devra se faire symbolique.

La description rhétorique des figures n'est peut-être pas parfaite mais elle a au moins le mérite de recenser de nombreuses formes différentes, et de veiller à ce que la différence ne soit pas oblitérée. Il est temps qu'on cesse de s'émerveiller devant la possibilité de réduire toutes les figures à deux seulement, ressemblance et contiguïté. Si Mauss, Saussure (par l'intermédiaire de Kruszewski) et Freud utilisent tous trois cette dichotomie, il ne faut pas croire que cette rencontre miraculeuse confirme la vérité de l'opposition : ils se sont tout simplement référés à une classification alors courante des associations psychologiques. Comme le dit Nietzsche, « si quelqu'un cache une chose derrière un buisson, la recherche à cet endroit précis et la trouve, il n'y a guère à louer dans cette recherche et cette découverte... »

On ne saurait pas plus réduire l'*icône* de Peirce à la métaphore, et son *indice*, à la métonymie. Contrairement à la métonymie où les deux sens (ou les deux objets évoqués) doivent se trouver en contiguïté réelle, l'indice exige que le signe lui-même, dans sa matérialité, soit relié à ce qu'il désigne. D'où les exemples de Peirce : les pronoms personnels (et toute la deixis en général), qui ne sont certainement pas des métonymies, mais qui dénotent, par exemple, la personne qui parle et qui se trouve ainsi en contact direct avec le discours. Ou la fumée pour le feu, le baromètre pour le temps, la girouette pour le vent : ils sont, au moment même où nous les percevons, en contact direct avec ce qu'ils désignent. C'est pourquoi toute référence, au sens précis (description d'un objet présent), se fait par l'intermédiaire d'un indice, même si la phrase elle-même n'est composée que de « symboles » (au sens de Peirce) : Peirce, comme Saussure, considère la relation avec le référent comme extérieure à l'essence signifiante du langage. C'est pourquoi aussi, dans l'esprit de Peirce, une langue peut ne pas avoir d'indices à condition qu'on les remplace par des gestes ostentatoires : « Les Égyptiens n'avaient pas de prépositions ni de pronoms démonstratifs, se référant toujours directement au Nil. Alors que les Esquimaux sont si bien enveloppés dans

leurs peaux d'ours, qu'ils ont des démonstratifs qui
distinguent : vers la terre, vers la mer, au nord, au
sud, à l'est et à l'ouest... »

Quant à l'icône, elle doit posséder une propriété
en commun avec l'objet désigné, elle exemplifie (exhibe)
ses qualités. C'est pourquoi l'onomatopée est une icône,
et une tache noire est l'icône de la couleur noire. La
métaphore peut aussi être une icône mais seulement
dans la mesure où elle préserve une propriété de l'objet
désigné (Peirce est donc ici plus proche du groupe Mu
que de ses commentateurs habituels). Les icônes sont
divisées en trois classes ainsi définies : « Those which
partake of simple qualities... are *images;* those which
represent the relations, mainly dyadic, or so regarded,
of the parts of one thing, by analogous relations in
their own parts are *diagrams;* those which represent
the representative character of a representamen by
representing a parallelism in something else, are *meta-
phors* [1]. »

11

La co-présence de la signification et de la symbolisation dans le langage pourrait éclairer une opposition
à première vue irréductible : celle entre Rhétorique
et Terreur, ou, en termes plus récents, entre lecture plu-
rielle, infinie — et la littéralité du littéraire. Comment
est-il possible d'entendre les mots à la fois « littéralement et dans tous les sens » ?

1. Tentons une traduction : « Celles qui participent de qualités
simples sont les *images;* celles qui représentent les relations, le plus
souvent duelles ou considérées comme telles, entre les parties d'une
chose par des relations analogues dans leurs propres parties sont les
diagrammes; celles qui représentent le caractère représentatif d'un re-
présentateur en représentant *(ouf!)* un parallélisme dans quelque chose
d'autre, sont les *métaphores.* »

C'est la signification qui ne peut être que littérale. Les poètes qui l'ont affirmé ont été meilleurs linguistes que les professionnels : les mots ne signifient que ce qu'ils signifient, et il n'y a aucun autre moyen de dire ce qu'ils disent; tout commentaire fausse leur signification. Quand Kafka dit « un château » il veut dire *un château.*

Mais c'est la symbolisation qui est infinie, tout symbolisé pouvant devenir à son tour symbolisant, ouvrant ainsi une chaîne de sens dont on ne peut arrêter le déroulement. Le château symbolise la famille, l'État, Dieu, et encore bien d'autres choses. Il n'y a pas de contradiction entre les deux, et c'est Rimbaud qui avait raison.

La théorie littéraire aura donc autant besoin d'une sémantique que d'une *symbolique.*

William Empson

Assertions dans les mots

Dans mon premier chapitre *, j'ai tenté d'isoler un certain nombre d'entités qui sont à l'œuvre dans tel ou tel emploi d'un mot : sens et implication, émotion et modalité (pour ne rappeler que les principales [1]). Ce

---

* Ceci est le deuxième chapitre de *The Structure of Complex Words*, 1950, 4ᵉ éd., Londres, Chatto et Windus, 1969, p. 39-65. Version française parue dans *Poétique*, 6, 1971. Traduit et publié avec l'autorisation de l'auteur et de l'éditeur.

Le mot *statements*, ici traduit par *assertions*, n'apparaît que dans le titre. Dans le texte même, il est remplacé par (anglais) *assertions*. On a employé, en français de façon équivalente, *assertion* et *affirmation*.

Des sous-titres ont été introduits, ainsi qu'un certain nombre d'alinéas supplémentaires, pour aérer un texte particulièrement dense.

Les notes de l'auteur sont appelées par des lettres, celles du traducteur par des chiffres.

1. Le sens [*sense*] est ce qu'indique le dictionnaire, sous une 1ʳᵉ, 2ᵉ, 3ᵉ rubrique, avec une lettre d'ordre : A, B, C, ... Empson prend soin de nous avertir (chapitre I, p. 38) qu'il emploie indifféremment *sense* ou *meaning;* je ne distinguerai pas davantage, en français, entre « sens » et « signification » (seule exception : la citation de I. A. Richards; cf., ici même, p. 65).

L'implication [*implication*] est « un aspect de ce que, parfois, on nomme la " connotation " du mot; ce n'est pas un sens, mais sa présence est parfois ressentie comme un sens ». Elle peut être suggérée « logiquement » par le sens; mais elle peut dériver d'un contexte habituel, auquel cas elle sera une sorte d' « insinuation », sans aucun lien « logique » avec le sens. Notée A/1, A/2, etc., B/1, B/2, etc.

La modalité [*mood*] (ainsi nommée pour « suggérer un parallèle avec le mode verbal ») « n'est pas un sens, mais une proposition, qui tend à exprimer le jugement personnel du locuteur ». Notée A £ 1, A £ 2, etc.

L'émotion [*emotion*] se présente comme un résidu de l'analyse :

premier temps de l'analyse a laissé entrevoir leur façon
de réagir, chaque fois qu'il y a présence simultanée
de plusieurs d'entre elles; l'étape suivante, plus hasar-
deuse, tentera une description systématique des mécanismes qui président à leur combinaison.

Il arrive qu'un mot acquière une sorte d'autonomie
qui fasse de lui, en le personnifiant, un véritable directeur d'opinion. Idée voisine (à moins que ce ne soit la
même) : on dit souvent qu'un mot est capable de devenir un « comprimé de doctrine » [*compacted doctrine*],
ou, même, que tous les mots sont, par nature, des
comprimés de doctrines. Comment les choses se passent-
elles? Il est urgent de le savoir; car si notre langage nous
submerge continuellement sous toutes sortes de doctrines
(qui risquent d'être de fort mauvais aloi), plus vite nous
prendrons conscience du processus, mieux nous nous
en trouverons.

L'enquête qui, à ma connaissance, se présente comme
la plus sérieuse sur ce sujet est celle d'I.A. Richards [1] :
il analyse le processus comme une interaction entre,
d'une part, le sens d'un mot, et, d'autre part, son
émotion, son expressivité [*Gesture* [2]]. Il paraît difficile
de reprendre point par point l'ensemble de ses analyses.
J'adopterai un parti plus modeste — m'en tenant,

---

c'est « ce qui reste, quand tous les autres " sentiments " ont été recen-
sés ». Notée A! 1, A! 2, etc.
(Toutes citations d'après le chapitre *I*, p. 15-19.)
  1. Ivor Armstrong Richards (né en 1893), qui fut le maître à penser
d'Empson (et présente, avec son disciple, le trait commun d'être à la
fois poète et critique littéraire), est l'auteur bien connu, en collabora-
tion avec C. K. Ogden, de : *The Meaning of Meaning* (1923). Sous sa
seule signature, on peut retenir (entre autres titres) : *Principles of Literary Criticism* (1925), *Practical Criticism* (1929), *Mencius on the Mind*
(1932), *Coleridge on Imagination* (1934), *The Philosophy of Rhetoric*
(1936).
  2. *Gesture*, dans la terminologie de I. A. Richards, englobe à la fois
émotion, tonalité, intentionnalité. (Cf., ici même, p. 66 *sq*). D'où la nécessité, pour le traduire, d'un mot relativement vague, comme *expressivité*.

pour l'essentiel, au mécanisme de l'interaction entre plusieurs sens (implications comprises). Je ne nie pas que les émotions et les modalités ne puissent jouer un rôle important, en provoquant l'apparition, et en infléchissant l'orientation, de cette interaction. Mais ce qui s'impose en priorité à notre étude, c'est le résultat du processus, ce qu'on peut appeler la logique de ces professions de foi inaperçues. Je crois que la méthode permettra d'aborder tous les cas importants.

L'ASSERTION D'EXISTENCE

Je distinguerai, pour un mot, cinq façons différentes d'être le véhicule d'une doctrine.

De ces cinq types, le plus facile à reconnaître, celui qui a le statut le mieux tranché, est l'assertion d'existence : elle nous donne à entendre que ce que nomme le mot est vraiment « quelque chose », et a droit à un mot qui le nomme. Ce quelque chose, naturellement, n'a pas besoin d'être tangible; il peut même être l'objet d'un refus, comme quand on dit : « l'astrologie est pur mensonge »; mais il a une tendance spontanée à faire surface. Imaginez que vous continuiez à parler d'astrologie sans ponctuer votre discours de désaveux réitérés; vos auditeurs commenceront à murmurer : « On dirait, ma parole, qu'il y croit! » Et ce sentiment d'existence n'accompagne pas seulement les substantifs; il peut se manifester à propos des parties du discours les plus inattendues, témoin le proverbe : « Avec des *si*, on mettrait Paris dans une bouteille [1]! »

Cette assertion, que j'appelle d'existence, peut être très complexe. Si vous lisez Thomas d'Aquin, il vous

---

1. Le proverbe cité dans le texte : « There's allus an *if* an' a *but* » pourrait se traduire littéralement : « On se heurte toujours à un *si* ou à un *mais*. »

faudra une bonne dose d'attention pour comprendre
ce qu'il met sous le mot Dieu, ou ce qu'il met sous cette
affirmation qu'il a prouvé l'existence de Dieu (les « cinq
preuves » abordant la notion par des biais différents);
et malgré cela, c'est toute la complexité de l'idée qu'il
entend suggérer, chaque fois qu'il se réfère, incidemment,
à Dieu. Mais ce n'est pas tout. Car cette assertion
implicite peut, à son tour, se prolonger, en dégradé,
en tout un réseau d'assertions *concernant* Dieu, pour
peu que votre attention soit orientée vers l'un ou l'autre
de Ses attributs. (Vous pouvez, par exemple, avoir
affaire à un syllogisme tacite : « Or Dieu est bon ;
donc mon propos est vrai. ») On pourrait dire qu'une
des implications du mot fait, ici, partie intégrante de
l'assertion ; on n'en serait pas plus avancé. Il est sans
intérêt de se demander quelle fraction de la pensée se
trouve « à l'intérieur » du mot, et quelle fraction appartient à l'ensemble du traité. Un syllogisme, pour Aristote, n'est jamais qu'une re-définition, suivie d'une
tautologie...

Le problème se poserait exactement de la même
manière pour le mot « électron », dans un traité de
physique qui comporterait une théorie complète de
l'atome : toutes les propriétés décrites seraient, de droit,
incluses dans la notion. Il va de soi qu'à la lecture d'une
œuvre qui renouvelle un sujet, c'est peu à peu que les
mots clés dont l'auteur fait usage voient leur sens se
gonfler dans votre esprit ; mais une fois que vous êtes
arrivé au sens plein, ce sens vous apparaît comme pleinement unifié. La complexité du mot n'est autre, ici,
que celle du sujet traité ; et le linguiste ne peut prétendre
s'y égaler. Ce premier type d'assertion a donc peu d'intérêt pour mon propos, à ceci près que son caractère de
simplicité et d'évidence tranchée lui sera souvent
emprunté par les autres types, quand ils voudront
accroître leur efficacité, d'où des risques de confusion.

Au reste, une assertion d'existence ne se présente pas seulement dans le langage des spécialistes. J'ai fait appel à des exemples de cette sorte pour mieux cerner le type; mais il est on ne peut plus banal. Les manchettes des journaux, sans même être des phrases, font apparaître des assertions de ce genre. On peut s'attendre que le phénomène se multiplie à la faveur d'une certaine confusion dans les esprits; mais il n'y aurait rien à gagner à vouloir étudier, pour elle-même, cette confusion (ce serait tourner en rond). D'un autre côté, un titre à sensation demanderait à être démonté minutieusement, et une étude de ce genre, pour être menée jusqu'à son terme, risquerait d'être fort complexe; mais, dans la mesure où le locuteur est lui-même victime de ce qu'il avance, j'estime qu'il faut entrer dans la logique de son illusion, et penser avec lui qu'il s'agit bien d'une assertion d'existence.

S'il faut, ici, recourir à un symbole, celui qui s'impose est le quantificateur existentiel de Russel, noté $\exists$.

LES ÉQUATIONS : I. PREMIÈRES APPROCHES

Le sentiment d'être en présence d'une assertion se retrouve dans un cas entièrement différent, que je nommerai « équation », et qui se subdivise en quatre types.

Deux sens du mot se trouvent employés simultanément; et, seconde condition (la première n'étant pas suffisante), une assertion est là pour suggérer, implicitement, qu'ils sont indissociables, « comme le mot le prouve ». En attribuant à chaque sens (comme si j'avais à rédiger un dictionnaire) une lettre d'ordre, j'écris symboliquement : $A = B$, cette notation livrant son sens pour peu qu'on a la lise : « A est B », en remplaçant les lettres par des mots. Le verbe « être », en la circonstance, traduit la même opération mentale que le signe

« égale » de l'équation. C'est dire que « est » a ici les
mêmes acceptions que dans le langage courant, abstraction faite d'un certain nombre d'emplois grammaticaux
complexes, qui sont, évidemment, ici, hors de question.

Les schémas interprétatifs

Nous nous garderons d'une interprétation trop rapide,
qui ferait de A un substantif et de B un adjectif : les
deux termes ont des statuts beaucoup trop proches,
pour qu'il en soit ainsi (sauf dans des cas exceptionnels,
comme quand on parle de M. Brun, et qu'on s'attend
qu'il soit brun). Un « est » de mise en rapport,
comme dans le schéma : « A est B par rapport à C »
(où rien n'empêche que A, B, C, soient trois sens d'un
même mot), risquerait, de façon analogue, de conférer
à l'un des trois termes un statut par trop différent des
deux autres. Sans fermer l'éventail des possibles, je
me contenterai d'énumérer, pour la commodité de
ce qui va suivre, les interprétations les plus usuelles.
Les plus fréquentes sont : « A est inclus dans B »,
« A entraîne B [1] », « A est comparable à B ». Il faudra
également tenir compte d'un cas un peu à part : « A
est typique de B. »

Par définition, une équation a toujours une portée
générale. Si elle se contentait d'affirmer : « *ceci*, qui
est A, est aussi B », l'effet produit ne serait qu'une juxta-
position de deux emplois du mot (notée : A.B), attribuant A et B, simultanément, à *ceci* — sans qu'apparaisse aucun comprimé de doctrine. Cependant, l'équation peut admettre une extension limitée de A (limite
vraisemblablement impossible à préciser); et on pourrait

---

1. La logique formelle, en français, hésite entre « entraîne » et « implique » (anglais : *entails*). J'ai opté pour le premier terme, pour échapper au risque de confusion avec implication, tel qu'il est employé
dans ce texte.

schématiser le processus sous la forme suivante : « les A *de cette espèce* sont B ». Quand l'espèce en question apparaîtra clairement dès le stade de la parole, on utilisera un schéma qui fera intervenir, au lieu de A, son extension restreinte. Mais le locuteur peut demeurer suffisamment dans le vague pour que cette procédure accélérée aboutisse à un contresens : il peut se faire, par exemple, que l'interprétation ne se laisse reconnaître qu'à la lumière de l'émotion ou de la modalité. On peut rencontrer, notamment, des équations de la forme : « un A normal est B », ou « un bon A est B », qui ne sont pas très éloignées d'une formule comme « A doit être B ». On a affaire, ici, à un cas où A = B peut, en première approximation, se récrire : B = A — avec une interprétation différente. Ainsi, « un A normal est B » revient à peu près au même que « B est typique de A ». Je crois, néanmoins, que l'ordre des termes n'est pas indifférent, et que l'effet des deux formules n'est pas le même : la première s'accommodera d'être prise à la légère ; la seconde s'imposera comme une doctrine bien définie, qu'on a de grandes chances de retenir.

Dans tous les cas, une assertion de la forme « A est B » (par exemple : « A est inclus dans B ») traite A et B, nécessairement, comme deux classes. Impossible d'avoir, d'un côté, une chose individuelle, de l'autre, une des propriétés de cette chose — puisque les deux termes ont des statuts semblables (même si, dans la pratique, tout se passe à peu près comme si B était un adjectif). Impossible, également, de les assimiler, l'un et l'autre, à des ensembles de propriétés — car l'ordre des termes est sur le modèle : « les chats sont des mammifères » ; la classe des chats est incluse dans la classe mammifère, alors que les propriétés définissant un mammifère sont, au contraire, incluses dans celles qui définissent un chat. Il va de soi que l'analyse pourrait utiliser soit l'un, soit l'autre des deux schémas ; mais il faut choisir, et se tenir à son choix. De toute façon, les tendances de la langue ne penchent pas en faveur du schéma : « des mammifères sont chats » !

De « A est inclus dans B », on passe, par déduction logique, à « A entraîne B ». Mais il y a d'autres façons d'aboutir à ce deuxième schéma. Il peut recouvrir « A est la cause de B », ou (plus rarement) « A est l'effet de B », pourvu qu'on ait une idée de ce genre : « nous constatons une occurrence de A; nous en tirons la présomption d'une occurrence de B ». Il y a place, ici, pour un second mode de réciprocité, où le fait d'inverser l'ordre des termes n'influe pratiquement pas sur le résultat final, si l'on change l'interprétation. Mais, à mon sens, cela ne se produit que dans le cas particulier où chacun des deux termes donne le sentiment qu'il entraîne l'autre.

Quant à la troisième variété d'interprétation, elle ne peut se présenter que sous la forme de la « comparaison »; mais il faut bien commencer par un bout, pour affirmer que l'autre lui est « comparable ». Quelques exemples d'allégorie s'accommoderaient d'être abordés par l'un ou l'autre; mais, normalement, l'ordre des termes est invariable.

Par la relation de forme « entraîne », A et B peuvent entrer dans une équation, même s'il n'y a entre eux rien de comparable. On peut, en revanche, admettre que A se trouve inclus dans B (pour peu qu'on élargisse la notion B) dès lors que A est comparable à B. Ces trois formes d'interprétation ont donc un lien entre elles, sans qu'aucune soit le fondement des deux autres.

L'interprétation par la cause a, de toute évidence, une importance primordiale dans des modes de pensée de toutes sortes. Mais, quand on a dit cela, il faut ajouter aussitôt que c'est aussi une grande source d'illusion — probablement beaucoup plus grande que toutes les autres. Dans n'importe quel système organique, la cause a de grandes chances d'être contrecarrée par son effet, parce que le fonctionnement d'un organisme vise à le stabiliser. La scarlatine et une température élevée vont de pair — mais la fièvre est au nombre des remèdes naturels; un traitement médical qui vise seulement à faire disparaître les symptômes a de grandes chances d'être plus nuisible qu'utile. De même, l'économie classique assimile le marché à un organisme; des prix élevés vont de pair avec l'inflation (la demande excédant l'offre); mais, en même temps, ils contribuent à rétablir la situation. Le champ est vaste, où des règles de ce genre sont en vigueur. Jusqu'à preuve du contraire, aucune des autres interprétations n'aboutit à un paradoxe du même genre — à l'exception, toutefois, de la quatrième : « A est typique de B », qui, avec son allure déroutante, risque d'avoir une portée beaucoup plus large qu'on ne le prévoyait.

Le principe de « *fausse identité* »

J'ai la conviction que la relation de fausse identité est un de ces mécanismes que nous faisons jouer d'emblée — et que nous interprétons ensuite. C'est un instrument tout à fait essentiel de la pensée classificatrice. Les psychologues et les anthropologues le prouvent abondamment. Je me référerai à quelques noms célèbres, sans me dissimuler qu'ils ne donneront encore qu'une très faible impression de l'accord général qui existe sur ce point. Le complexe, selon Freud, est, avant tout, une façon d' « identifier » une situation ou une personne à une autre, et il est important de noter que l'ordre des termes est invariable; le patient qui, durant le transfert, a ce sentiment : « mon psychanalyste est mon père », n'en conclut pas : « mon père est mon psychanalyste ». Lévy-Bruhl a vécu en un temps où il n'a pu subir l'influence de la psychanalyse; mais, à ses yeux, poser

une relation d'identité entre deux choses, tout en
sachant pertinemment qu'elles sont autres, est un trait
distinctif de la mentalité primitive. Les enfants étudiés
par Piaget se comportent continuellement de cette
manière. La seule indication précise que j'ai relevée
chez Pareto est que l'esprit considère automatiquement
comme identiques les objets qui provoquent en lui des
sentiments semblables. On fera valoir que ces auteurs
sont tous, à des degrés divers (et dussent-ils refuser
cette étiquette), des spécialistes de l'anormalité. Mais
Spearman fait état de tests d'introspection où des sujets,
à qui on demande de regarder un cube, ont le sentiment,
si l'on en croit leurs réponses aux questions, d'avoir
des sensations visuelles qui *sont* le cube, alors qu'ils
admettent parfaitement la différence. En fait, des trou-
bles du mécanisme d'identification (s'il s'agit, par exemple, de reconnaître un carrefour où l'on arrive par une
rue différente) s'observent journellement. Les argu-
ments, donc, ne manquent pas, qui prouvent que le
recours à la fausse identité n'est pas une hypothèse
gratuite. Le tout est de transposer le phénomène au plan
des mots, et de bâtir sur cette idée une théorie opératoire.

J'espère n'avoir pas suggéré que faire usage d'une
équation, c'est se comporter, plus ou moins, comme
un sauvage ou comme un aliéné. La moindre métaphore
fait jouer le même mécanisme, et les critiques se répan-
dent alors en éloges sur la « fusion », ou sur l' « identification », des éléments en jeu! La principale leçon
à retenir de la fréquentation des spécialistes de la réalité
mentale, c'est que l'ordre des termes, dans une équation, a de grandes chances d'être (sauf exception) un
invariant. Une fois donnée une équation de la forme :
« A est B », il est facile de faire varier l'interprétation
de « est », il est beaucoup plus difficile d'interchanger A
et B; et ce qui fera la différence entre mes quatre types,
ce sera précisément l'ordre des termes.

Il n'empêche que le cas le plus élémentaire est celui de la simple confusion, qui n'exige pas qu'on se soit prononcé pour un ordre ou un autre. Proust a donné, de ce modèle, une magnifique illustration, avec son commentaire de la pensée de Françoise [1] : « " C'est une grande famille que les Guermantes! " ajoutait-elle avec respect, fondant la grandeur de cette famille à la fois sur le nombre de ses membres et l'éclat de son illustration [...] Car n'ayant que ce seul mot de " grand " pour les deux choses, il lui semblait qu'elles n'en formaient qu'une seule, son vocabulaire, comme certaines pierres, présentant ainsi par endroits un défaut qui projetait de l'obscurité jusque dans la pensée de Françoise. »

L'auteur ne nous dit pas si Françoise, en la circonstance, a tiré de la confusion une conclusion quelconque; mais l'idée sous-jacente est qu'elle aura toujours la possibilité de le faire. Une situation de ce genre est journalière. Tel mot a deux emplois normalement séparés; un cas se présente où ils peuvent être employés simultanément; une assertion vient préciser qu'il est normal qu'ils affleurent simultanément, ou même qu'ils ne font qu'un. Il semble bien qu'il y ait trace d'une assertion de ce genre dans la remarque de Françoise, vu l'expression « avec respect »; elle veut faire rendre au mot le maximum. Mais le passage ne laisse pas deviner quelle conclusion elle tirera de ce lien en d'autres circonstances. Nous avons affaire à une confusion, que je note : A + B, et d'où une équation (indifféremment A = B ou B = A) est seulement susceptible de se dégager.

Ce que nous avons à étudier, ce n'est pas un locuteur qui accepte passivement la présence dans un mot de sens annexes; c'est, au contraire, un locuteur qui tire parti de ces sens annexes pour soutenir une doctrine.

1. *A la recherche du temps perdu*, Pléiade, t. II, p. 22-23.

Cependant, nous sommes obligés de reconnaître que
ce mécanisme sera toujours, de près ou de loin, apparenté au mécanisme de la confusion, du fait que le
locuteur est prêt à jurer ses grands dieux que le lien en
question est parfaitement normal, puisqu'il n'existe
qu'un seul mot. Il y a, de plus, généralement, un appel
à l'opinion, qui ajoute beaucoup de poids à ce petit jeu.
L'idée peut se traduire ainsi : « Tout le monde est
d'accord avec moi; le langage est d'accord avec moi;
il n'y a que vous, auditeur, qui ne soyez pas dans le
coup. » Non content d'affirmer une doctrine, le lien, tel
qu'il s'impose, confère à cette doctrine un tour commu-
nicable, ou contagieux.

Un bon exemple du phénomène serait cette mère de
famille de l'époque victorienne, avec ses recommandations : « Vous savez, M. Jones, il est interdit à Amélie
de faire de longues promenades à pied : elle est *délicate*[1]. » Le mot a deux sens (le *New English Dictionary*[2] en atteste une douzaine, dont cinq seulement sont
notés comme désuets; mais ils se répartissent en deux
groupes, dont le contraste est ce qui joue ici); et j'émets
l'hypothèse que la dame en question affirme l'existence
d'un lien entre les deux sens. « Les jeunes filles distinguées sont maladives » : voilà l'assertion; et le ton
sentencieux qui l'accompagne revient à insinuer :
« comme vous devriez le savoir... »

J'ai choisi cet exemple, en partie, pour prouver
qu'une équation, modèle courant, peut n'avoir d'existence que temporaire. Cette façon, ici, qu'ont les sens
de se combiner à l'intérieur du mot semble n'appartenir
qu'à l'époque victorienne. On m'objectera que la

---

1. *Délicat*, en français, se superpose, à peu de chose près (c'est-à-
dire, à l'histoire du mot près) à l'anglais *delicate*. Les différences du
point de vue diachronique n'affectent pas l'essentiel de l'analyse.

2. Plus connu sous le titre qui a servi à le rééditer à partir de 1933 :
The Oxford English Dictionary (12 vol., plus 1 vol. de supplément).

conviction selon laquelle les jeunes filles de la haute
société ne sont pas faites pour marcher suffisait à
faire jouer le mécanisme, et que cette conviction était
la conséquence d'un laçage trop serré! Mais le xviiie siècle connaissait, lui aussi, les corsets à baleines, et jugeait,
lui aussi, la marche comme quelque chose de vulgaire;
néanmoins, cet usage du mot ferait figure d'anachro-
nisme dans un pastiche de l'époque. Pourquoi? Parce
qu'au xviiie siècle, le sens de « difficile (dans ses goûts) »
était encore tout proche; et que même le sens de « volup-
tueux », de « sybarite » n'était pas entièrement oublié.
Dans le contexte du puritanisme de l'époque victorienne,
il faut qu'il ait entièrement disparu.

Cela dit, il est clair que *distinguée* et *maladive*, dans
les limites de la logique victorienne, n'occupent pas,
pour autant, des positions interchangeables. Toutes
les jeunes filles distinguées sont maladives, mais
toutes les jeunes filles maladives ne sont pas distinguées.
On sera tenté de dire qu'il s'agit là d'une différence de
classe sociale (une servante, qualifiée de *délicate*, ne
pouvant être que maladive; une jeune fille de la société
aristocratique qualifiée pareillement étant, par le
fait même, une jeune fille distinguée). Ce serait alors
une question de champ d'application [*range* [1]]. Il
est certain qu'une équation peut avoir un champ
d'application, tout comme le sens particulier d'un mot.
Dans le cas présent, notre équation est évidemment
limitée aux membres féminins de la haute société —

1. Définie au chapitre i (p. 35), la notion de champ d'application
[*range*] ne se confond pas avec le concept d'extension qui, au dire de
l'auteur, pose des problèmes philosophiques inextricables. Empson
veut seulement donner à entendre (selon son propre exemple) que le
pied de la table n'a pas le même champ d'application (on pourrait
dire : la même portée, au sens balistique du terme) que le pied humain.
Il précise également que cet emploi de *range*, qui n'affecte qu'un
sens déterminé d'un mot, ne se confond pas avec les occurrences, plus
banales, où *range* renvoie à la diversité des acceptions du mot.

et j'ai introduit cette idée dans mon essai de paraphrase. Mais je ne crois pas que la classe sociale soit suffisante, ici, pour rendre compte du phénomène. Dans une conversation de salon, la mère de famille en question pourrait dire : « Il paraît que Caroline est très délicate » sans prétendre, par là, que Caroline a un tempérament d' « artiste »; l'allusion pourrait, simplement, signifier que le laçage trop serré, et la difficulté de respirer, lui donnent de continuels maux de tête. En fait, la phrase sur les promenades à pied pourrait, tout aussi bien, et sans aucun changement, suggérer une seule chose : que la jeune fille n'est pas assez robuste; ce serait son sens, à l'heure actuelle. Mais j'émets l'hypothèse que la solennité du ton a suffi à métamorphoser l'affirmation d'un état maladif en une espèce de louange moralisante. Le contexte verbal immédiat exige, évidemment, le sens de « maladive »; si le sens de « distinguée » doit apparaître, il faut que ce soit en provenance d'un tout autre horizon. Dans le langage parlé, le locuteur dispose de moyens importants, pour déclencher ce mécanisme. Darwin, dans *l'Expression des émotions chez l'homme et les animaux*, rapporte cette anecdote. Sydney Smith avait dit, devant lui, sur un ton pince-sans-rire : « Il paraît que la vieille lady Cork a été laissée pour compte. » Le narrateur s'était fort bien fait comprendre de tous ses auditeurs; il avait voulu dire que c'était le Diable qui l'avait laissée pour compte. Mais comment avait-il réussi à se faire comprendre? Darwin était incapable de l'expliquer. L'anecdote est à mettre en relation avec le titre du livre : une certaine émotion avait réussi à passer, en dépit du ton pince-sans-rire. De la même façon, c'est par un ton de dignité vertueuse que notre mère de famille parvient à introduire le sens de « distinguée » dans le mot « délicate ».

Bien sûr, nous pourrions transformer la phrase, pour lui faire affirmer les deux sens : « Vous savez,

M. Jones, Amélie a reçu une éducation très soignée; c'est ce qui lui interdit de faire de longues promenades à pied : elle est délicate. » Et il est hors de doute que les capacités de *délicate* lui viennent d'avoir été employé régulièrement dans des contextes semblables. Il reste que le cas qui nous intéresse est celui où le procédé réussit à percer sans appui extérieur. La distinction ne se laisse pas cerner d'emblée. Il n'empêche que la logique du phénomène est claire : il n'y a rien, ici, qui suggère une confusion, comme dans l'exemple de Françoise. Le jeu, manifestement, consiste à insinuer que les deux idées sont identiques; mais elles sont, en même temps, reconnues comme distinctes. Pratiquement, la mère de la jeune fille construit un syllogisme; la relation mise en œuvre est de la forme : « A entraîne B », avec *distinguée* à la place de A, et *maladive* à la place de B. En fait, le cas de pure et simple confusion, illustré par Françoise, n'a rien d'une équation; il peut affirmer l'existence d'une réalité imaginaire : $A + B$, mais le schéma ne sera pas senti comme équation. Quand on parle de « fausse identité », les deux pôles de la formule ont, l'un et l'autre, leur importance. Le propre d'une équation est d'affirmer l'identité de deux réalités dont, par ailleurs, on sait pertinemment qu'elles sont distinctes. Elle tire son effet d'une sorte de contradiction.

Ordre des termes et mode d'introduction des sens

Pourtant, il sera insuffisant de prétendre que l'équation est à transcrire sous la forme : « distinguée entraîne maladive ». C'est ce que j'ai fait, parce que, à première vue, c'était la seule façon de faire apparaître son sens; mais, comme nous le verrons plus loin, on peut formuler les choses autrement, en inversant l'ordre des termes. Ce qu'il nous faut, c'est un critère qui nous permette de nous prononcer sur le sens qui fonctionne comme sujet dans l'équation. Ce critère, selon moi, est le suivant : fonctionne comme sujet « ce que le mot en l'occurrence veut dire effectivement » dans l'esprit de celui qui l'emploie. C'est ce que j'appelle aussi le sens « vedette » [« *chief* » *meaning* [1]] de l'emploi en question. Le prédicat est la notion annexe que l'usager pense pouvoir ajouter, à la faveur des circonstances. Évidemment, s'il se pique au jeu, il essaiera peut-être de prendre son auditeur au piège de la confusion ; mais c'est là une anomalie qui ne doit pas nous empêcher de comprendre ce qui se passe ordinairement. Il existe, plus fréquemment, une autre difficulté : dans l'exemple cité, nous hésitons (non moins que le pauvre M. Jones !) sur le sens que le locuteur attribue à *délicate*. Il est souvent embarrassant de se prononcer, en pareil cas, que le texte soit parlé ou écrit. Pourtant, ordinairement, ce n'est pas au-dessus de nos forces. Le critère que je propose n'est pas à ce point de l'algèbre qu'il ne puisse être opératoire !

On a pu avancer que nous avions à notre disposition des indications générales nous permettant de nous prononcer sur l'ordre des termes à adopter dans une phrase de la forme : « A est B ». Je vais en dresser la liste, encore que je doute de leur pertinence. Première règle : le sujet est le terrain commun où les deux interlocuteurs sont prêts à situer l'entretien ; le prédicat

---

1. L'opposition entre sens « vedette » [« *chief* » *meaning*] et sens fondamental [*head meaning*] a été définie au chapitre I, p. 38. Le sens fondamental d'un mot est celui qui, « de façon plus ou moins permanente, occupe la place numéro un dans sa structure ». Le sens vedette est celui « à qui le locuteur donne le pas sur tout autre, dans les circonstances propres de son discours ». Si le mot *chief*, ajoute Empson, peut évoquer un chef local ou chef tribal, le tour n'en sera que plus éloquent, puisque la fonction en question est purement transitoire. J'ai cru pouvoir jouer, en français, d'une ambiguïté analogue, avec un mot susceptible d'évoquer les vedettes du sport ou du spectacle.

est l'apport propre du locuteur. L'auditeur est tout prêt à entériner A; mais ce qui tient à cœur au locuteur, c'est B. Deuxième règle : le sujet est au prédicat ce que l'action-stimulus est à l'action-réponse. Ce déroulement du processus est, en fait, ce qui permet à la phrase d'être sentie comme une expérience ouverte à tous, donc comme une vérité indépendante du locuteur. Le prédicat, de cette façon, a des chances de véhiculer plus d'émotion, ou un plus grand « engagement à l'action ». Enfin, troisième règle (qui apparaît comme la conséquence des deux autres) : le sujet est senti comme plus concret; comme soumis à un champ d'application plus étroit; comme plus proche d'un substantif.

Sans être dépourvues d'intérêt, ces trois règles ne peuvent se substituer à la nécessité de comprendre, de l'intérieur, la logique du système. Je suis tout prêt à admettre que *distinguée* est une notion plus émotive que *maladive*, ou, du moins, que l'idée ne peut intervenir, dans notre exemple, qu'à la faveur d'un ton supérieur, et louangeur, alors qu'aucune dimension affective n'est nécessaire pour que s'introduise l'idée annexe : « vraisemblablement maladive ». Et, malgré cela, c'est *distinguée* qui doit fonctionner comme sujet. En revanche, c'est *maladive* qui véhicule l'engagement à l'action (« plus de promenades à pied! »). La mère, deuxièmement, part du principe que M. Jones est convaincu d'avance que la jeune fille est distinguée, et qu'il a seulement besoin d'en conclure que la jeune fille, *par conséquent*, est maladive. Enfin, c'est le sens de *distinguée* qui a le champ d'application le plus étroit, dès lors que toutes les jeunes filles distinguées sont maladives, alors que toutes les jeunes filles maladives ne sont pas distinguées. Donc, les trois règles s'appliquent, dans une certaine mesure, à notre exemple.

LES ÉQUATIONS : II. LA CLASSIFICATION
EN QUATRE (OU EN CINQ) TYPES

Face à l'extrême diversité de ces équations, j'adopterai un principe de classement qui tiendra compte, d'une part, de la façon dont chacun des deux sens est introduit, et, d'autre part, de l'ordre dans lequel ils figurent.

Type 1

Je me situerai, pour commencer, à l'opposé de l'assertion d'existence, où le mot est pleinement unifié. C'est donc dans le premier type d'équation que le mot sera le moins unifié; c'est également le type le plus facile à représenter.

Deux sens doivent apparaître simultanément, tout en restant distincts. Solution la plus simple : l'un des deux termes est le sens fondamental [*head meaning* [1]] du mot (celui qui a des chances de surgir hors de propos); l'autre est appelé par le contexte immédiat. Dès lors, le sens appelé par le contexte immédiat sera le sujet de l'équation (puisqu'il s'agit du « terrain véritable de l'entretien »), et le sens fondamental fonctionnera, lui, comme prédicat (puisqu'il s'agit d'une sorte d'idée annexe, surajoutée).

Les expressions de contexte immédiat et de sens fondamental risquent, l'une et l'autre, de soulever des questions.

On fera valoir que, si le cas ne pose pas de problème, c'est la preuve que les deux sens sont, l'un et l'autre, appelés par le contexte (la teneur générale d'un développement formant un tout); et, d'autre part, qu'il est

1. « Sens fondamental » : cf. p. 42, n. 1.

absurde de s'imaginer qu'on puisse localiser l'un des
appels plus près du mot, l'autre plus loin, sur la page
imprimée. Je reconnais que, dans certains cas d'écriture
recherchée, la distinction s'efface (encore que ce ne
soit pas nécessairement à l'avantage du texte); mais ce
qui m'intéresse directement, ce sont les assertions
implicites, à l'intérieur du mot, assertions susceptibles
de se manifester spontanément, et de se poser en direc-
teurs d'opinion; or, dans ce cas, la distinction ne peut
être évacuée. Par ailleurs, on peut, normalement,
distinguer un micro-contexte [*phrase-context*] d'une
séquence plus longue; et le micro-contexte a, nécessairement, un droit de priorité, ou une automaticité plus
grande.

Quant au terme de sens « fondamental », je l'ai
retenu parce qu'il a déjà été employé (par exemple,
par Bloomfield [1]) pour renvoyer à ce qui viendrait à
l'esprit, en premier lieu, si le contexte ne jouait aucun
rôle dans la définition du mot. Si une telle entité existe,
elle a en effet toutes les chances de se manifester. Mais
il serait sans doute préférable de recourir à un terme
plus exact, comme dominant [*dominant*], en précisant
qu'il n'y a pas à s'interroger sur le pourquoi de la chose :
ce sens est dominant, tout simplement, parce qu'il est
susceptible de forcer la porte. Parler de sens intrus
[*intrusive*] serait en restreindre la portée : on aurait
l'air de suggérer qu'il est effectivement indésirable.
J'ignore si l'on a pratiqué des tests destinés à déceler
le sens qui vous vient à l'esprit, en premier lieu, quand un
mot est donné sans contexte; mais je pense que les
résultats n'auraient rien de décisif; la linguistique peut,

---

1. Leonard Bloomfield (1887-1949) : le chef de file de la linguistique
descriptive américaine. Cf. en traduction française, son ouvrage fondamental *le Langage*, Payot, 1970 (la 1re édition, à New York, de *Language*, en 1933, est elle-même un remaniement d'un ouvrage antérieur :
An Introduction to the study of language, paru en 1914).

sans inconvénient, abandonner cette technique à la psychanalyse...

Quoi qu'il en soit, il est facile de trouver des exemples qui illustrent ce modèle très simple. Ainsi, quand, pour parler d'une route en corniche, on dit, simplement, une *corniche* [1], on a souvent en tête quelque chose de ce genre : « cette route (par son profil) est comparable à la corniche d'un monument »; si, au contraire, le mot est employé pour renvoyer à la corniche d'un monument, il ne s'accompagne pas, ordinairement, de l'idée d'une route en corniche. La corniche architecturale est, sans conteste, le sens « majeur » [*major*] du terme, et joue le rôle de sens dominant; l'équation ne peut naître que si le contexte immédiat appelle le sens secondaire. Le sens secondaire n'a été inventé que pour suggérer une ressemblance de profil, et l'équation a pour unique fonction de nous le rappeler. Sans doute, un montagnard, peu au fait de l'architecture, vivra les choses à l'inverse; mais cela ne fait que confirmer la règle : le montagnard fera de l'autre sens le sens majeur.

L'inconvénient de cet exemple, c'est qu'il est trop simple pour illustrer le type dans son ensemble. Si la notion d'un sens intrus doit servir de critère à cet ensemble, on peut se référer à un grand nombre d'emplois ensemble, on peut se référer à un grand nombre d'emplois du mot *sens* [2] chez les Élizabéthains. Les

1. L'exemple anglais est celui de *saddle*, avec le double sens de *horse-saddle* (selle de cheval) et *mountain-saddle* (col de montagne). Il a fallu le transposer.

2. Il y a en français la même équivoque entre *sens* (sensation, sensibilité, sensualité) et *sens* (signification) qu'en anglais, avec *sense*; elle est, évidemment, ici, hors de propos — mais se laisse aisément surmonter. Quant à l'histoire du mot, telle qu'elle est retracée ici, si elle est spécifique de l'anglais, elle peut pourtant se suivre sans difficulté. La situation de *sense*, à l'époque élizabéthaine, est reprise, ultérieurement, dans un autre chapitre du livre : chapitre XIII *(Sense in « Measure for Measure »)*.

hommes de cette époque se montrent si séduits par tout ce qui a trait à la sensualité, si amateurs de plaisanteries en ce domaine, que la notion montre son nez même quand le contexte immédiat appelle quelque chose qui n'a rien à voir avec elle. Et pourtant, il semble difficile de prétendre que « sensualité » était le sens fondamental de ce mot si divers : les gens du temps devaient reconnaître eux-mêmes qu'il ne s'agissait que d'une acception très spécialisée. On fera valoir que, pour n'importe quel usager qui, à l'époque, traitait le mot selon les termes de notre équation, le mot devait signifier « sensualité », chaque fois que le contexte demeurait indécis, en sorte que « sensualité » était nécessairement, pour un tel usager, le sens fondamental du mot (selon la définition de Bloomfield). Je ne suis pas sûr que la conclusion s'impose. Les gens de l'époque semblent faire intervenir « sensualité » comme sens annexe, bien plus souvent qu'ils n'utilisent ce mot avec ce sens seul. La première réaction d'un Élizabéthain au test envisagé plus haut aurait pu être de cet ordre : « Ce mot est fait pour plaisanter; comment plaisanter, avec lui, sur ce test? » En d'autres termes, il aurait eu le sentiment que « sensualité » était tout désigné pour fonctionner comme prédicat dans une équation de ce mot, mais non pour y fonctionner comme sujet (ou, ce qui revient au même, comme « véritable signification du mot »).

Il va de soi que tout un éventail d'idées peut se dissimuler sous l'expression de « sens fondamental »; et si Bloomfield ne les a pas énumérées, c'est sans doute pour rester fidèle au behaviourisme... On pourrait parler de sens « primordial » [« *main* » *meaning*] (c'est-à-dire le plus fréquent); de sens « central » [« *central* » *meaning*] (celui autour duquel tous les autres sont censés rayonner); de sens « étymologique » [« *root* » *meaning*] (en relation avec le processus de la dérivation);

de sens « premier » [« *primary* » *meaning*] (celui qui, pratiquement, fit le premier son apparition dans l'histoire de la langue; dans le cas d'un mot anglais dérivé du latin, cela ne se confond pas nécessairement avec le sens étymologique). Dans un texte suivi, on peut admettre que le contexte élargi, thème général de l'œuvre, ne sera pas étranger au sens qui nous vient à l'esprit en premier lieu, et que ce phénomène est susceptible d'aller à contre-courant du contexte restreint (micro-contexte), lequel n'en conservera pas moins son droit de priorité. C'est alors le sens « thématique » [« *topical* » *meaning*] qui deviendra dominant. Le mot *poste*, par exemple, ne possède, à mes yeux, aucune espèce de sens fondamental [1]; cela revient à dire qu'il ne signifie rien en dehors d'un contexte; mais, au cours d'un article sur les P. et T., il en acquerra un. On pourrait également définir un sens « probable » [« *probable* » *meaning*], moins précis que le précédent, applicable à des situations où il est difficile de parler de thème. Il est clair que la « route en corniche » sera le sens probable de *corniche* si vous êtes en montagne, et non devant un monument. (Dans mon exemple, c'est cette situation qui en faisait un sens-vedette, et non un sens annexe.) La tâche serait sans fin si l'on voulait forger des termes techniques, sur mesure, pour toutes les formes et toutes les tailles de contextes. Le sens dominant, capable de fonctionner comme prédicat dans une équation de type 1, a vraisemblablement des droits antécédents, dont il s'autorisera pour forcer la porte; mais je vois mal comment nous pourrions

1. Une telle formulation peut apparaître un peu abrupte. Son caractère surprenant s'explique mieux quand on constate que *The Oxford English Dictionary* n'énumère pas moins de dix substantifs *post* (non point dix sens d'un mot, mais dix mots différents, que l'étymologie, pourtant, ne distingue pas toujours). On aurait sans doute mieux compris qu'Empson parlât d'une multiplicité (virtuelle) de sens fondamentaux, dont tel ou tel s'actualiserait sous l'influence du contexte.

préciser, noir sur blanc, dans toutes les circonstances, la nature de ces droits. — Quant à « sensualité », disons, pour faire bref, que c'est le sens « séduisant » [« *interesting* » *meaning*] de *sens!*

Type 2

Le second grand type d'équation a pour sujet un sens majeur du mot, et pour prédicat une ou plusieurs de ses implications (selon ma terminologie). Si on le prend sous sa forme la plus fréquente, c'est une fraction de la connotation du mot qui vient à émerger. Bien sûr, ces implications y ont été introduites, au préalable, à la faveur d'une série d'emplois du mot où le contexte immédiat les appelle, ou les propose. Mais, dans de tels emplois, le mot, à mon avis, se contente de se voir attribuer les deux sens, sans pour autant poser entre eux une équation; c'est la phrase tout entière qui insinue, ou explicite, l'assertion. Le cas intéressant est celui où l'idée annexe, au lieu d'être exigée par le contexte immédiat, apparaît simplement par habitude. Nous pouvons avancer que, dans ce type 2, le contexte immédiat appelle le sens majeur du mot, qui fonctionne comme sujet, et que le sens mineur (autrement dit, l'implication) surgit spontanément pour occuper la place du prédicat.

Il y a ici élargissement de la notion d'équation, car une implication, en toute rigueur, n'est pas un sens; mais elle est susceptible de le devenir au cours de sa carrière. Nous le saurons avec certitude quand le mot aura acquis la possibilité de se présenter avec ce sens tout seul. Il est néanmoins difficile de mettre le doigt sur le moment précis où se produit le changement de statut, et ce changement peut très bien ne pas modifier l'équation; il serait risqué et présomptueux de prétendre tracer la ligne de démarcation de façon infaillible.

L'ensemble des différentes notions fonctionne comme
un tout, si bien que, quand une des implications se voit
promue au rang de sens, les autres peuvent aisément
lui être subordonnées, en tant que prédicats.

Le processus est le contraire de ce qui se passe dans le
type 1 : le contexte immédiat n'a pas pour rôle d'exiger
un sens subalterne; et l'idée annexe, loin de devoir
être un sens dominant, peut ne pas être un sens du tout.
Une équation de ce type peut se noter : $A = A/x, y$.
Selon toute vraisemblance, un cas de la forme $A = B/x, y$
interférerait avec un autre type d'équation.

Un exemple flagrant de cette promotion interne des
implications est celui du mot « indigène » [*native* [1]]
qui, au départ, est de nature à exalter tous les chauvi-
nismes locaux, et qui en est arrivé à être senti comme
une insulte quand il est appliqué aux indigènes (disons)
de l'Inde. Les coloniaux, là où ils sévissaient, en res-
treignaient l'emploi à la population indigène née sur
place, et le mot s'enrichissait d'émotions journalières
(mépris parfois teinté de peur) et d'implications du
genre de « faits-pour-obéir », qui pouvaient passer
facilement à « racialement inférieurs ». A ce stade,
le mot rend simplement ce que le locuteur veut lui faire
rendre; son opinion sur les indigènes en question donne
une certaine couleur au mot, et peut ensuite devenir
l'objet d'une assertion, qui fait figure de vérité élémentaire. L'équation s'écrira : « des gens comme cela

1. Les émotions et les implications que relève Empson a propos de
native restent les mêmes, en français, pour *indigène*, ce qui laisse à
l'exemple une partie de sa valeur. L'histoire du mot (son sens de *serf*)
est toutefois assez différente. Il n'est pas sûr, non plus, que la valeur
insultante d'*indigène* soit passée, en français, du stade de l'implication
au stade du sens. Il est probable que dans le monde du sport, ou celui
du spectacle (et, de façon générale, dans tout milieu fermé), on trouverait des mots, qui, à partir d'une simple implication, ont acquis, une
fois transplantés hors de leur milieu d'origine, un nouveau sens. Le
mot *cabotin*, ou même seulement le mot *comédien*, en seraient sans doute
des exemples.

sont faits-pour-obéir », ou sous toute autre forme,
moins brutale, traduisant la mentalité du locuteur. Le
seul problème est de savoir si des souvenirs plus anciens
se profilent à l'arrière-plan de cette évolution. Le
New English Dictionary donne comme sens le plus
archaïque de *native*, « né en état de servage »; « serf de
naissance »; le premier exemple qu'il en cite ne remonte
qu'à 1450, mais est apparenté à un terme technique
encore plus ancien : *neif*, désignant les personnes atta-
chées à la glèbe. Un emploi péjoratif du mot, appliqué
aux habitants d'un bourg, date de 1800, cependant
que l'emploi qui renvoie aux indigènes de pays considérés
comme sauvages est attesté dès les dernières années du
XVIIᵉ. Il n'est pas impossible qu'une nuance insultante
ait continué à rester attachée au mot, concurremment
à la nuance de chauvinisme (« nous sommes indigènes
sur la terre que nous foulons »), si bien que les coloniaux
ne seraient pas responsables du gauchissement. Mais,
d'un autre côté, l'emploi franchement insultant du mot
ne semble faire son apparition qu'après oubli complet
du sens le plus ancien. De toute façon, le sens que l'on
peut reconstruire à partir de l'étymologie latine : « habi-
tant primitif ou permanent d'un pays », autonyme
d'étranger ou d'allochtone, apparu en 1603, fut, dans
l'esprit des gens, tout au long de cette période, la
« véritable signification du mot ». On n'avait pas
l'idée que deux sens différents pussent exister concurremment, même quand les implications prenaient
assez de force pour figurer, effectivement, parmi les
sens du mot. De même, le changement de sentiment
attaché au mot n'entraîna, au début, aucun changement
de référent : celui-ci demeurait « les indigènes de
l'Inde » (ou de n'importe où). Le problème du référent
ne se posa que le jour où le jargon des coloniaux conta-
mina la métropole : à ce moment-là, le sens du mot fut
obligé de changer.

Mais il vaut mieux que je finisse d'énumérer mes types d'équation, avant de parler des changements de sens.

Type 3

Dans une équation de type 2, les différents sens donnent, normalement, le sentiment de converger sur un seul référent, doué de propriétés complexes : je dirai qu'un mot qui se présente sur ce modèle a un statut plus « intégré » [*integrated*] que ceux qui se dissimulent sous une équation de type 1, où les différents sens donnent le sentiment d'être autonomes. Dans le type 3, les différents sens donnent bien le sentiment d'être autonomes, mais le mot a un statut à ce point intégré que le sens fondamental y fonctionne comme sujet. Le cas ressemble au type 1 en ce que le sens majeur procède par intrusion, mais l'ordre des termes est inversé. Comme dans le type 1, le contexte immédiat exige obligatoirement un sens secondaire (sans quoi le sens fondamental aurait des chances de surgir seul); mais le sens fondamental apparaît comme le sens « essentiel » [« *essential* » *meaning*] ou le « seul-véritable » [« *only real* » *meaning*], ou quelque chose de cet ordre, si bien que le mot ne peut renvoyer au référent que par une sorte de métaphore.

Je n'ai pas besoin de démontrer que, dans ses variétés élémentaires, le type 3 est extrêmement courant; ce qu'il s'agit de comprendre, c'est à quelles conditions, les règles du type 1 peuvent être bouleversées. Shakespeare nous en offre un exemple, à peu près toutes les fois qu'il prononce le mot « fou » [*fool*] [1] : il pousse

---

1. Fou, en français, *fool*, en anglais, occupent des positions à la fois identiques et dissemblables. L'un et l'autre renvoient au fou du roi (ou, de façon à peu près synonyme, à bouffon ou *clown*). Mais, en dehors de ce facteur commun, la superposition cesse de jouer, fou regardant, expressément, du côté de l'aliénation mentale, *fool* évoquant une dose plus ou moins grande de stupidité. (Cf. *foolish*, à mi-chemin entre

si loin le symbolisme du bouffon [*clown*] (je me l'applique moi-même en le lisant!) que, finalement, il donne au mot le sens de « bouffon » à l'exclusion de tout autre. Quand il emploie le mot pour parler de gens comme vous et moi, ce n'est pas pour le plaisir de les traiter de stupides [*foolish*], c'est pour les représenter, métaphoriquement, comme des bouffons. Et l'équation du mot n'a qu'un lien tout à fait fortuit avec la personnalité de celui qui s'attire cette remarque; elle traduit simplement la doctrine constante de Shakespeare concernant le bouffon : la personne en question est un stupide, mais c'est aussi, par des voies mystérieuses, un sage, etc. Je ne doute pas que, sur telle ou telle citation, d'autres lecteurs contesteront mon interprétation; mais ce serait l'occasion de mieux cerner les faits. Le recours au type 3 suppose un traitement du mot qui ne ressemble à aucun autre : si vous interprétez un cas donné comme relevant du type 3, on s'en apercevra, immédiatement, du simple fait qu'on aura le sentiment d'une métaphore.

C'est vrai, du moins, de la variété la plus simple, quand les deux sens se distinguent aisément. Mais les équations de type 3 trouvent, à mon avis, leur importance, quand elles servent à des assertions d'une espèce plus subtile, qui, de façon générale, ne proviennent pas d'un phénomène de double sens. Bien sûr, si l'usager n'avait aucune conscience d'un double sens, il n'y aurait pas d'équation du tout. Mais nous pouvons lui prêter une sorte de connaissance intuitive du mécanisme qui fonde son raisonnement, sans pour autant

---

stupide et *étourdi* : « The foolish Virgins », « les Vierges folles »). Le mot *innocent* (au sens, un peu vieilli, de la France paysanne) serait, pour une part, plus proche du *fool* shakespearien : à la fois simple d'esprit, et doué d'une sagesse mystérieuse, voire mystique. L'exemple est développé dans deux chapitres ultérieurs : chapitre v *(The Praise of Folly)*; chapitre vi *(Fool in Lear)*.

admettre qu'il le conçoive clairement. Le jeu consiste
à traiter l'une des acceptions du mot comme l'élément
clé (ou comme l'élément type) par rapport auquel
tous les autres se mettent en perspective. En fait, le
reste des acceptions affleurent à la mémoire à titre de
connotation de l'élément mis en relief; et, pour autant,
le type 3 est plus proche du type 2 que du type 1. J'en
donnerai des exemples dans la suite de mon livre; le
plus marquant est l'emploi du mot *sens*[1] dans les
philosophies sensualistes ou les philosophies du sens
commun, qui voient dans un bon sens un peu étroit le
modèle clé de tous les processus mentaux, destiné à
servir de mesure à tous les autres. Je crois aussi pouvoir
retrouver un type 3 dans un sophisme sur la grammaire,
déjà minutieusement analysé par Richards. Je suis
persuadé qu'un grand nombre de discussions, où les
deux camps sont d'accord pour utiliser un même mot
clé, reposent en fait sur un malentendu qui donne au
mot deux équations rivales du type 3. On ne cesse,
autour de nous, de procéder par types : toute la propagande politique (ou peu s'en faut) consiste à présenter
le type qu'on s'est formé du salarié, ou de l'homme
d'affaires (ou de tout ce que vous voudrez), et à le
faire passer dans l'esprit du lecteur comme l'image à
laquelle il doit se référer quand il pense salarié ou
homme d'affaires. — Mais qu'on ne me fasse pas dire,
une fois de plus, que le procédé est obligatoirement
au service du mensonge; on peut avoir besoin, sans
aucune mauvaise foi, de condenser, sous une forme
rapide, une matière abondante. Le procédé est au cœur
même de la pensée, et c'est pour lui que le troisième type
d'équation est une nécessité.

---

1. La situation de *sense* au XVIIIe siècle est étudiée dans deux chapitres :
chapitre XII *(Sense and Sensibility); chapitre* XV *(Sensible and Candid).*

Type 4

Le type 3 contrevenait à la règle de l'ordre des termes à laquelle le type 1 était assujetti : le type 4 contrevient à la règle, bien plus fondamentale, selon laquelle l'ordre des termes a de l'importance. Ce que nous avons à étudier, ici, ce sont les cas où l'ordre des termes est indifférent. Il va de soi qu'on peut trouver facilement des exemples où B est comparable à A aussi sûrement que A est comparable à B; des cas, aussi, où chacun des deux termes entraîne l'autre (par exemple : quadrilatère et quadrangulaire). Mais il n'est pas aussi facile qu'on pourrait le croire de trouver des exemples dans lesquels la notion est enchâssée à l'intérieur du mot. Le cas : « un A normal est B », « B est typique de A » a déjà été exclu de ce type, puisque nous avons reconnu que le sentiment n'est pas le même selon que l'assertion prend l'une ou l'autre forme, et que, quel que soit le thème de l'assertion, l'ordre des termes n'est pas indifférent.

J'ai l'impression que des équations du type 4 sont à chercher dans des textes d'idées ou des textes littéraires, plutôt que dans le langage de tous les jours; car, dès que la doctrine qui était implicite rencontre un consentement généralisé, elle se choisit une forme linguistique plus confortable. Ce type 4, à n'en pas douter, suppose un degré très élevé d'intégration des sens du mot : nous voici donc revenus au voisinage de l'assertion d'existence. Il me semble impossible d'en trouver des exemples, à moins que A et B ne soient en relation de similitude avec un troisième sens du mot, qui, lui, ne peut être saisi que par à-peu-près; le fait, de toute façon, suffit à rendre symétriques les deux premiers, de telle manière que les deux ordres possibles n'entrent pas en conflit.

Pour m'en tenir à un exemple qui appartienne au domaine des idées, et qui ne prête pas à discussion, Hooker (cité par le *New English Dictionary*) pose en principe qu'il existe un sens du mot *loi* signifiant « à la fois loi humaine et divine », puis énumère les conditions auxquelles une loi de ce genre doit satisfaire. Il forge, ce faisant, purement et simplement, un nouveau sens du mot, qui, à ce qu'on pourrait croire, est nécessaire pour réduire à néant toute prétention à établir une confusion entre les deux anciens sens. Dans le langage courant (il est facile de le constater), on parle, en fait, tantôt de loi humaine, tantôt de loi divine; si, en parlant d'une loi humaine, Hooker veut suggérer qu'il s'agit également d'une loi divine, il a la ressource d'introduire dans le mot *loi* une équation comme celle-ci : « les lois humaines de cette espèce sont également des lois divines », et réciproquement; l'effet est alors d'affirmer, purement et simplement, que la loi en question fait partie de la classe restreinte qui satisfait aux conditions des unes comme des autres. (Un emploi judicieux de la figure réussirait de la même façon à nous rappeler les conditions.) Mais le même processus peut être mis en œuvre quand nous n'avons qu'une vague idée de l'existence d'un troisième concept, et que nous n'avons aucune envie, pour le moment, de nous poser des questions à son sujet (et ce « pour le moment » a des chances de se prolonger un bon bout de temps!). En fait, on pourrait dire que l'idée que nous avons couramment de la *loi* est toujours de cette sorte, ou le devient, pour peu que nous considérions qu'il y a, de droit, entre ces différents sens, un lien, à l'intérieur d'un mot unique. Mais mon opinion personnelle est que peu de gens prennent les choses par ce biais, et que la seule équation qui se présente couramment (entre ces deux sens du mot) à des esprits non prévenus a un ordre des termes déterminé, selon un schéma de type 1 du genre de celui-ci : « les lois de cette nation sont dictées par Dieu même ».

Plaider les droits d'une équation de type 4, même si la cause n'est pas entièrement convaincante, c'est finement jouer. C'est, à mes yeux, un cas particulier d'un processus plus général que je propose d'appeler métaphore réciproque [*mutual métaphor* [1]]. Quoique une équation de ce type ne soit pas obligatoirement métaphorique, elle tend, me semble-t-il, à imposer le sentiment qu'elle est construite *comme* une métaphore, à l'imitation du type 3. Au reste, le processus n'a pas besoin de se dissimuler : un mot composé comme « douce-amère [2] » se propose à peu près le même but; mais il échoue à produire le même effet de profondeur énigmatique, parce qu'il ne fait pas jouer la fausse identité.

Dans tous les cas, on peut dire qu'une équation de type 4 cherche à se faire reconnaître comme assertion d'existence, mais que sa requête est loin d'avoir toujours gain de cause. Si un troisième concept — comme défini plus haut — se profile nettement à l'horizon, il faudra le noter C. S'il y a confusion pure et simple, on retiendra la notation A + B, comme précédemment. Mais s'il y a doute (comme c'est le cas dans la plupart des exemples intéressants), on se contentera de transcrire l'assertion sous la forme d'une équation du type 4. Mon principal exemple de ce type d'équation est l'usage du mot *sens* chez Wordsworth, dans le *Prélude* [3].

Les symboles définis au chapitre précédent ouvrent la voie à un traitement précis des paradoxes des grandes religions — même si cela fait l'effet d'un jeu gratuit.

---

1. Empson traite longuement de cette question dans son chapitre XVIII *(Metaphor)*.

2. L'exemple anglais est *silly-clever* (sot-intelligent). « Douce-amère » figure dans *l'Échange* de Claudel (*Théâtre III*, Mercure de France, 1926, p. 133).

3. Chapitre XVII *(Sense in the Prelude)*.

Nous pouvons écrire : $A = - A$[1]; et cette formule
est toujours, selon moi, une équation du type 4, puisque
le rôle d'un tel paradoxe est de suggérer la possibilité
d'une conciliation qui, dans un autre contexte, serait
une parole creuse. C'est un cas limite de l'assertion
d'existence sous une forme hermétique (« celui qui sauve
son âme la perdra »). Une telle formule sera rarement
dissociée de son interprétation; mais il est important,
il me semble, que le critique accepte de reconnaître le
paradoxe comme tel, parce que c'est souvent le terrain
sur lequel se construisent toutes sortes de doctrines,
ou d'où jaillit l'encouragement à reprendre parti ou à
agir. Il semble, par exemple, que l'une des idées importantes, afférentes à l'usage taoïste du mot « Voie »,
donne à entendre que « tous les hommes sont, de droit,
sur la Voie; d'où une lutte incessante, chez les meilleurs
d'entre eux, pour y entrer ». Bien sûr, je reconnais
qu'on sera toujours tenté d'interpréter les paradoxes;
et si un spécialiste du style se targue de leur faire dire
quelque chose d'important, le résultat risque d'être aussi
plat que la plupart des paradoxes de Wilde. Il n'en reste
pas moins que si vous essayez de dresser un tableau des
différents emplois du mot dans le Taoïsme, vous serez
bien obligé d'y introduire ce paradoxe; et il semble
bien que l'équation relie ici non pas deux idées différentes
mais une idée et son contradictoire [a].

1. Le symbole — (à lire : non A) a été défini au chapitre I (p. 16)
comme exclusion de l'emploi d'un mot du sens A de ce mot.
   a. Cette entorse à la logique n'est pas un phénomène exceptionnel.
Manifestement, il y a une contradiction du même ordre chez les gens
qui font de la démocratie un culte, et non une technique politique :
l'homme comme il faut doit tenter de devenir ce que chacun, en principe, est déjà. — L'idée apparaît également dans le culte qu'on rend au
darwinisme, comme justification de la violence, malgré la bonne dose
de sophisme que comporte l'argument : « Nous ne pouvons pas déso-
béir aux lois de la nature. Les agneaux et les tigres sont, au même titre,
issus de la lutte pour la vie. Nous devons, par conséquent, essayer de
nous conduire comme des tigres. » Mais il faut faire la distinction entre

Type 5 (type aberrant).
Tableau-résumé des quatre types (ou des cinq types)

Je soutiens que ces quatre types d'équations, joints à
l'assertion d'existence, recouvrent l'ensemble des possibilités inhérentes à un mot d'être le véhicule d'une
doctrine :

— le type 4 définit le cas où l'ordre des termes est indifférent ;
— si, au contraire, l'ordre des termes doit être pris
en considération,
— on peut avoir un sens majeur faisant intrusion
avec la subdivision :
• sens majeur fonctionnant comme prédicat :
type 1 ;
• ou comme sujet : type 3 ;
— on peut avoir, à l'opposé, un sens majeur appelé
par le contexte immédiat, tandis qu'un sens
mineur fonctionnant fait intrusion avec la subdivision :
• sens mineur fonctionnant comme prédicat :
type 2 ;
• ou comme sujet.

Mais ce dernier cas suppose qu'on triche volontairement avec le contexte, et ne peut être « accepté pour
argent comptant ». Je traite ici du pouvoir de suggestion
qui est à l'intérieur d'un mot, qui semble lui être inhé-
rent, et qui peut influer sur l'opinion : les équations
occasionnelles, qui relèvent du mot d'esprit ou de
la poésie, ne sont pas de mon ressort. — Je peux toute-

---

un « sophisme », qui est fondé sur une méconnaissance de la contradiction logique — et un « paradoxe », où cette contradiction est
reconnue comme telle, et retenue comme « profonde ». C'est seulement
le paradoxe qui est appréhendé en tant que contradiction, et peut
prétendre à être noté par la formule $X = - X$.

fois proposer un exemple de ce cinquième type (qui doit être écarté); je le prends dans Marot [1] :

> ... *Me menaçant de me donner le saut*
> *Et de ce saut m'envoyer à l'envers*
> *Rimer sous terre et y* faire des vers.

Les vers (rimés) et les vers (du tombeau) sont, nous nous en doutons, deux mots différents; — mais si nous acceptons la suggestion du poète qu'ils n'en font qu'un, il est incontestable que vers (rimés) est le sens majeur, vers (du tombeau) le sens mineur; et la seule équation qu'on puisse envisager serait quelque chose de ce genre : « les vers du tombeau sont les seuls vers dont le poète soit capable après sa mort ». Le sens mineur fonctionne comme sujet, alors que le contexte immédiat exige clairement le sens majeur : donc, *vers* comporte une équation du type aberrant. Mais la raison en est que le sens « vers (du tombeau) » est volontairement dissimulé; il est convenu que vous aurez le droit de vous vanter de votre perspicacité lorsque vous vous apercevrez du calembour; avec, peut-être, le secret espoir d'en mettre plein la vue à votre professeur! La difficulté de comprendre, inhérente à cette forme d'équation, est partie intégrante de l'effet, et je ne prétends pas que des équations de ce genre soient in-intéressantes; je

---

1. Le texte anglais cite deux vers de Pope :

> ...
> *Where Bentley late tempestuous wont to sport*
> *In troubled water, but now sleeps in port,*

qu'on peut traduire :

> ...
> *Où, naguère Bentley se débattait (quel orage!)*
> *En eau trouble, et où, maintenant, il dort au port*
> (mais, en même temps : *en cuvant son porto*).

Sur l'échelle des valeurs poétiques, le calembour de Pope et celui de Marot (*Au Roi, pour avoir été dérobé*, v. 43-45) semblent se situer au même niveau...

dis seulement que ce type d'équation n'a aucune chance de nous imposer une doctrine.

Il est facile de dresser un tableau des différentes combinaisons :

		Sens majeur fonctionnant comme	
		Sujet	Prédicat
Sens exigé par le contexte immédiat fonctionnant comme :	Sujet	*Type 2*	*Type 1*
	Prédicat	*Type 3*	*(Type 5)*
Ordre des mots indifférent		*Type 4*	

Une classification, bien sûr, peut étendre sa grille sur un champ d'investigation sans rien nous en dire d'important; et j'ai reconnu que, dans certains cas, on peut hésiter avant de décider quel est le sens majeur, et quel est le sens appelé par le contexte immédiat. Mais il me semble que ce principe de classement est la façon la plus logique de cerner le problème, et que les quatre types d'équations (au moins, dans leurs versions les plus régulières) sont, pour une part, des réalités objectives dans la mesure où elles possèdent d'autres propriétés que celles qui ont servi à les définir.

Il reste un problème important que ce traitement a

tendance à masquer : il s'agit de savoir si une même
équation de base (mêmes termes, même ordre, même
interprétation) peut se manifester, dans des occasions
différentes, sous la forme de types différents. Le sens
qui est considéré comme sens fondamental peut, lui
aussi, varier ; mais ce que je désire envisager, ce sont les
solutions diverses qui peuvent se présenter quand il
reste, lui, déterminé. Si B est le sens mineur dans $A = B$,
cette équation sera du type 3 quand le contexte immédiat
réclamera B, mais du type 2 quand le contexte immédiat
réclamera A. Si A est le sens mineur, il n'y a pas de
problème analogue, car l'équation ou bien est du type 1,
ou bien est du type aberrant auquel appartiennent les
jeux de mots.

Il est possible qu'une équation du type 3 pourra
passer, dans un autre contexte, au type 2, tandis qu'un
grand nombre d'équations du type 2 ne se montreront
jamais à la hauteur des situations qui leur permettraient
de passer au type 3. Pourtant, on peut aussi soutenir
qu'un contexte où $A = B$ est du type 3 conférera
à l'équation une interprétation tout autre (plus sérieuse)
que celle qu'elle recevrait d'un contexte où elle serait
du type 2. Ainsi, lorsque Shakespeare emploie le mot
fou pour parler d'un bouffon, l'équation se contente de
dévoiler les vues constantes de l'auteur concernant
un bouffon ; mais chaque fois qu'il l'emploie pour
parler d'une personne ordinaire, et que le mot conserve
son sens de « bouffon », l'équation accède à un degré
beaucoup plus haut de dignité, et peut se transcrire
comme suit : « le bouffon est le " type " auquel tous les
stupides doivent être mesurés ». Le phénomène se produit également (de façon plus voilée) dans les cas plus
subtils du type 3 où quelqu'un se refuse à se départir
de sa définition d'un terme controversé : confronté
avec un emploi qui corrobore sa définition, il considé-
rera son opinion tout simplement comme démontrée ;

mais si le contexte (à en croire le parti adverse) est en contradiction flagrante avec sa définition, il n'en démordra pas, argumentant que sa définition, à lui, est le sens *typique* du mot, auquel les sens qui font question doivent être référés. Au rebours, je ne vois pas d'occasion, pour une équation du type 3, de se manifester, en dehors des cas où le locuteur désire, positivement, poser une assertion de ce genre. C'est ce qui me fait penser que c'est une règle absolue que l'interprétation « A est typique de B » ne puisse se rencontrer que dans des équations du type 3, et que toutes les équations du type 3 y soient aptes [1]. Il y a toutefois une exception, que je discuterai plus loin : c'est le cas particulier des « charges typifiantes » [*typifying pregnancies* [2]].

LES ÉQUATIONS : III. LE RÔLE DES ÉMOTIONS

On reprochera peut-être à cette analyse de n'avoir pas tenu compte des émotions, qui sont, dans ces emplois complexes du mot, un facteur décisif. Je ne nie pas que les émotions, les attitudes représentent ici le pouvoir dirigeant : mais elles ne sont pas nécessaire-

---

1. A ce propos, Empson ajoute lui-même, en appendice, à partir de la 2e édition, la note suivante (*Comment for 2nd ed.*, p. 444) : « Un certain nombre de critiques ont pu penser que, dans ma théorie, chaque interprétation (par exemple : " A est inclus dans B ") correspondait à l'un des cinq types. Ce serait bien commode si les choses s'organisaient de cette manière; mais j'ai très peur qu'il n'en soit rien. Seule exception : le schéma " A est typique de B " se trouve tout à fait comme chez lui dans le type 3. »

2. La notion de charge [*pregnancy*] a été évoquée au chapitre i (p. 16). Laudative ou péjorative (notée : A +, A —), la charge est « imposée par le jeu des sentiments » — « tout en étant, par elle-même, un sens »; elle occupe donc une place intermédiaire entre sens et implication, d'une part — modalité et émotion, de l'autre. — Empson distingue entre les charges typifiantes et les charges qualifiantes. — L'ensemble du problème est repris au chapitre xvii *(Pregnancy)*, où le mot sera également doté d'un autre sens, moins « émotif » : la mise en équation d'un sens contextuel et du « sens fondamental ».

ment à l'intérieur des mots; et, en fait, le locuteur peut
très bien les dissimuler à l'auditeur. Les émotions qui
sont à l'intérieur des mots feront surgir, communément,
des sens qui seront avec elles en rapport de conformité
(exception faite des jurons, des intensificateurs, et des
thèmes délirants). Or la structure qui demande à être
étudiée est celle des sens, en tant que résultat de l'opération. Mais autant étudier dès maintenant ce qui se
passe quand on introduit une émotion dans le schéma
de l'équation.

Dans le cas le plus simple, l'insistance mise sur l'émotion courante [*stock émotion*] (schéma A.A.!) peut
faire figure d'assertion, comme si on affirmait : « A
mérite vraiment l'émotion qui l'accompagne habituellement ». Et nous pourrions écrire : $A = A!$. Mais
je pense, pour ma part, que le phénomène peut être
classé comme cas particulier de l'assertion d'existence.

De la même façon, le refus de l'émotion courante
(schéma : $A. — A!$), comme dans le titre : *l'Agressivité
nécessaire* [1], peut être interprété comme un refus de la
réalité de la « chose » en question. Bien sûr, le rôle
de « nécessaire » est de fonctionner comme un contexte
qui annihile l'émotion courante; et je reconnais que
l'effet immédiat s'arrête là. Mais aussitôt, nous sommes
amenés à rechercher (recherche couronnée ou non de
succès) un nouveau sens, susceptible de rendre compte
de l'emploi en question pour *agressivité*. Et ceux qui
n'y parviendront pas seront tentés de penser qu'il y a là
« un refus cynique d'admettre la *réalité* de l'agressivité ».
De toute façon, il n'y aurait pas, je crois grand avan-

---

1. L'exemple anglais est *jolly lust* (aimable débauche), dont Empson
a donné (chapitre ɪ, p. 29) la référence : l'expression est tirée d'un
roman d'H. G. Wells, *The Bulpington of Blup*. On peut en rapprocher :
Baudelaire, « Nos aimables remords »; mais le mot « remords » ne
semble pas, ici, perdre son émotion courante. *L'Agressivité nécessaire*
(qui a servi à traduire le titre du livre d'Anthony Storr, *Human Agression*)
m'a paru plus conforme au schéma étudié.

tage à traiter comme une équation ce genre d'exemple.

Le schéma important serait de la forme A. B!; et je me refuse à croire qu'une équation de la forme : A = B!, sans autres complications au niveau du sens, soit à même de se présenter, à moins qu'il s'agisse d'une faute qui serait vite décelée, et qui, au reste, serait très improbable chez un locuteur s'exprimant dans sa langue maternelle.

Discussion de la thèse de Richards

Je me heurte ici aux vues d'I. A. Richards, telles qu'il les a exposées naguère, notamment dans son livre : *Mencius on the Mind* [1]. J'ignore dans quelle mesure il y est encore attaché; dans quelle mesure notre différend est autre chose qu'une querelle de mots. Mais son point de vue, tel qu'il s'exprime dans ce livre, nous aiguille, je crois, sur une fausse piste; et je vais essayer de préciser nos divergences.

Selon lui, l'expressivité [*gesture*] (qui, dans sa terminologie, englobe à la fois émotion, tonalité, intentionnalité) peut être entièrement isolée du sens (p. 105) :

« Quand un mot a été employé, à maintes reprises, avec un sens qui s'accompagne, par nature, d'un écho émotif particulièrement intense, il transfère fréquemment cette expressivité à d'autres sens qui, par nature, sont étrangers à ces vibrations affectives. A moins d'être sur nos gardes, nous avons tendance à penser que la signification globale d'un mot [*the rest of a word's meaning*] est en accord avec le sens proprement dit [*the sense*], et sous sa dépendance. Pensée, en apparence, très raisonnable, encore que l'analyse de la poésie n'irait pas loin, si elle se fiait à ce principe. Mais le principal danger est de prêter au mot, sous prétexte de rendre compte de son expressivité, un sens trop riche,

---

1. Cf. plus haut, p. 28, n. 1.

en oubliant qu'il présente d'autres sens dans d'autres circonstances, et que c'est précisément de ces circonstances qu'il tire cette richesse de vibration. »

Je ne nie pas, en effet, que les rhétoriciens aient une fâcheuse tendance à faire fi des ressources émotionnelles des mots; et je comprends que, pour quelqu'un comme Richards, ce soit un soulagement, au plan des émotions, de s'abandonner à une sainte colère pour leur faire remarquer qu'un tel emploi des mots est proprement émotionnel. Mais, pour ma part, je n'ai pas l'impression que ces rhétoriciens puissent pratiquer cette politique du mépris aussi efficacement que Richards veut nous le faire croire; il leur faudrait plus de talent pour nous en imposer : autrement, nous aurons bien vite fait de les percer à jour.

La vraie difficulté est que Richards conçoit le sens d'un mot (dans un emploi donné) comme dépourvu — quelle que soit sa « richesse » — de tout « dedans »; ce qui l'amène à penser que tout ce qui est au-delà de ce sens doit être explicité en termes de sentiments, ces sentiments se nommant émotions ou tonalités. Mais une grande partie de ce qui se présente à nous comme « sentiment » (la chose est manifeste dans le cas d'une métaphore complexe) n'est, en fait, qu'une structure de plusieurs sens liés entre eux. Le simple fait que nous puissions, quand nous parlons, improviser, sans faire d'entorse à la grammaire, prouve que nous « planifions » notre parole selon des normes beaucoup plus rationnelles que ce qui nous en apparaît dans le détail de la conversation. Loin de moi l'intention d'assimiler à une cérémonie sacrée tout ce qui se passe dans le subconscient; il arrive qu'on pense de travers dans ces régions; mais si nous ne pensions pas du tout de ce côté-là, nous ne pourrions même pas nous engager dans un discours suivi.

Dans tous les cas qui sont matière à discussion,

comme ceux dont fait état Richards, on pourra trouver dans le contexte de quoi prouver la pertinence de l'expressivité; mais, aussi bien, de quoi prouver la pertinence du sens. (Sans quoi, en face d'un texte, il n'aurait pas la possibilité de soutenir que les deux entités sont là, mais sans lien effectif.) Le mot est avancé pour traduire le sens A, qui est pertinent à ce moment précis; le contexte, par ailleurs, est organisé de telle sorte qu'il rend également pertinente l'émotion B!, qui appartient à un autre sens du mot. D'accord! Mais l'analyse ne peut en rester là. L'émotion B! (liée au mot en question) fera apparaître le sens B, ne serait-ce qu'en « sourdine », et ce qui était senti comme « sens trop riche » est, bel et bien, une équation entre les sens A et B — qui peuvent être des sens extrêmement simples. Je ne crois pas que Richards contesterait sérieusement cette façon de voir. En fait, il avait déjà dit l'essentiel, sur la question, dans *Practical Criticism*, avant son livre sur Mencius. La morale de l'histoire, à mes yeux, c'est qu'une théorie rigoureuse des équations est indispensable. Dès qu'on se contente d'à-peu-près, c'est la porte ouverte à une critique de mauvais aloi — comme le prouve, il me semble, dans le passage cité, la remarque sur la poésie [a].

a. Ce serait peut-être une expérience plus instructive que de se demander si Coleridge eût été d'accord avec moi — au lieu de raisonner sur le disciple de Coleridge qu'est Richards. Coleridge, probablement, aurait traité par le mépris n'importe quelle théorie faisant intervenir des équations —, représentant qu'au lieu de se pénétrer du dynamisme de la pensée, on en vient à manipuler des entités « rigides et figées ». Pourtant, nos positions ne me paraissent pas si éloignées. Je n'ai jamais prétendu que les termes d'une équation (au stade du vécu) soient toujours d'une clarté lumineuse. Certains de mes exemples le prouvent assez; j'aurais pu insister davantage. Un terme, dans une équation, peut s'estomper au point de n'être plus que ce qui donne son relief à l'émotion, ou bien, sans cesser d'être lui-même, n'être pourtant que ce concept de contre-façon qu'une équation de type 4 aura précédemment lancé dans le circuit. Sur un autre plan, mon analyse n'a jamais eu la prétention de rendre compte de l'expérience profonde

De la propagande politique à l'émotion simpliste :
les émotions sans équations

Cependant, dans l'innocence de mon désir, qui est de
prendre fait et cause pour les poètes, je risque de parler
pour des gens d'un tout autre acabit. On pourrait croire
que l'analyse qui a été menée jusqu'ici s'applique à des
emplois honnêtes du langage, non aux mensonges de la
propagande. — J'ai eu affaire avec la propagande
ennemie pendant toute la durée (ou presque) de la
Seconde Guerre mondiale, occupant un poste subalterne dans la B.B.C.; et la réponse à cette question ne
me paraît pas évidente.

La propagande orale a partie liée, cela va de soi, avec
l'émotion pure. Goebbels, dit-on, faisait une distinction
radicale, quant aux possibilités de mentir, entre le mot
écrit et le mot parlé. Les Allemands, à l'époque de
leurs premiers succès, possédaient un don étonnant :
ils faisaient la philosophie (en termes dithyrambiques)

---

qui fait que l'œuvre d'un écrivain pénètre en nous, et devient ce *corpus*
intérieur, fait d'affectivité semi-consciente et de préférence intuitive,
qui est le nôtre. Mon enquête a un but plus modeste, ou, si vous aimez
mieux, plus terre à terre : il s'agit de comprendre comment nous sommes introduits à une telle expérience; de quelle machinerie intellectuelle
nous disposons pour mettre en branle ce processus, autrement dit,
pour approcher les mots, tels qu'ils existent sur la page (qu'ils soient de
Coleridge ou de n'importe qui), sans nous abandonner au sentiment
qu'ils sont au-delà de notre portée .Je ne crois pas que Coleridge aurait
trouvé à redire à ce programme. Bien au contraire, ce que j'avance me
semble donner un fondement raisonné à quelques-unes de ses intuitions
les plus hardies, et entre autres, à celle-ci, qu'une trop grande rigidité
des termes est chose néfaste, barrant la route « au surgissement de la
vie, comme à la puissance d'explosion des idées », et tuant « l'originalité » (Stephen Potter, *Coleridge and S.T.C.*, p. 200). Quant à savoir
ce que Coleridge entendait par « idées », je n'ai pas à me prononcer
sur ce point; mais compte tenu, à la lumière des commentaires de Muir-
head, de la difficulté de se prononcer (*Coleridge as Philosopher*, p. 96-
110), je n'ai pas l'impression que ce soit un contresens que de les
définir comme attitudes, à la fois causes et effets d'un ensemble cohérent
d'équations.

de leur propre aptitude à mentir, affirmant, par exemple,
que la propagande alliée se couvrait de ridicule, au lieu
que (disaient-ils) « notre bonne propagande allemande
trouve, après coup, dans les faits, sa justification »;
et le fait est que, quand les Allemands annonçaient
qu'ils avaient pris une ville, la nouvelle, le moment
venu, faisait d'autant plus d'impression qu'elle avait
commencé par être prophétique. Le procédé ne soulève
aucun problème théorique.

Il faut, en revanche, y regarder à deux fois, quand
on aborde le vocabulaire moralisant qu'on utilise pour
faire son propre éloge et pour dénigrer l'adversaire.
L'exemple que m'offre mon journal, au moment où
j'écris, en vaut un autre : les Russes reprochent aux
Américains leur « déloyauté », parce qu'ils publient,
en 1948, des documents secrets, saisis en Allemagne,
sur le traité germano-soviétique de 1939. Bien sûr,
il peut y avoir des raisons objectives (dont ils ne font
pas état) pour qu'ils utilisent ce terme : il peut y avoir
eu, par exemple, du temps de la guerre, sur ce sujet,
un accord secret que les Américains viennent de violer.
Mais l'appel à l'opinion que constitue la formule en
question n'est pas fondé là-dessus. (J'ajoute, par parenthèse, qu'aucune grande nation n'a de quoi se vanter
de son attitude, avant la guerre, en face de Hitler, ce
qui, je crois, me permet d'aborder le problème avec suffisamment de recul.) Il y a, je crois, deux façons différentes d'interpréter l'accusation : le geste, en l'occurrence, est déloyal pour la simple raison qu'il « manifeste
des sentiments inamicaux à l'égard d'un ancien allié »;
ou bien c'est un exemple particulier d'une tendance
permanente chez les Américains, tendance qui donnerait naissance à des actes effectivement déloyaux si
l'occasion s'en présentait (c'est-à-dire si l'Amérique
était crue sur parole). La seconde idée est un reflet,
significatif, de l'attitude des Russes dans la guerre

froide, et donnerait facilement le sentiment d'être, ici, pertinente. La figure est l'équivalent d'une métaphore, nommant la cause par l'effet [1]. Le langage émotif est souvent, comme ici, un exutoire, qui permet à un auditeur réceptif de décharger ses tensions, pourvu qu'on le mette sur la voie (ou, si vous préférez, pourvu qu'on encourage ses prédispositions à la manie de la persécution). Mais, ce principe une fois admis, il n'en reste pas moins que la première idée, prise isolément, apparaîtra encore comme « purement émotive », simple recours au premier mot insultant qui vous tombe sous la main.

Il est bien difficile de plier cet exemple aux normes de Richards, car il est loin d'être évident qu'un second sens B vienne doubler l'émotion A! (celle qui est liée à la déloyauté en son sens habituel); mais je veux bien admettre que nous pourrions définir B comme une généralisation du mot : « toute attitude manifestant des sentiments inamicaux à l'égard d'un ancien allié ». Pour la fraction du public qui refuse de « marcher », je ne nie pas que ce soit un exemple, presque pur, du schéma B = A! Mais c'est précisément pour cela que ce public-là ne marche pas! Au moindre soupçon qu'on veut l'avoir de cette façon, celui qui marchait ne marche plus; il lui faudrait un lavage de cerveau préalable, pour passer outre. Ce n'est guère en faveur de la théorie selon laquelle B = A! serait d'un emploi fréquent, mais qui passerait inaperçu. Au reste, il n'est pas difficile de trouver d'autres raisons qui expliquent que les gens marchent. Le locuteur, à la faveur de ce genre de propagande, apparaît comme quelqu'un qui se drape dans sa

---

1. On est en droit de se demander s'il n'y a pas ici, de la part d'Empson, un lapsus, la figure qu'il évoque (nommer la cause par l'effet) étant, selon la rhétorique traditionnelle, une métonymie, et non une métaphore. Par ailleurs Empson emploie également métaphore au sens de trope.

dignité (ou, comme dit l'adversaire, comme un vrai pharisien!). Il a, par-devers lui, un haut code de l'honneur; des gestes que le vulgaire n'appellerait pas déloyauté, il les appelle, lui, déloyauté. C'est pourquoi, dans son nouveau sens, le mot est tenu d'être au service de l'émotion première. Bien sûr, le parti adverse dira que c'est pure calomnie contre les Russes; mais le problème, dorénavant, n'est plus celui d'un mot considéré comme sans « dedans ». Ce serait, apparemment, « fairplay » (comme nous disons), de maintenir le mot « déloyauté » dans ces limites si le locuteur voulait bien s'y tenir; la véritable difficulté, pour un homme du parti russe qui voudrait à tout prix sauver ce texte, serait de démontrer que le Kremlin pourrait donner, du mot, une définition à la lumière de laquelle ses propres actes résisteraient au même genre d'examen. Et l'auditeur peut parfaitement ne pas songer à ce genre d'objection quand il accepte le nouveau sens du mot dans la suite du discours. Une telle figure, pour autant qu'elle parvient à induire en erreur (dans d'autres cas, ce peut être, simplement, l'occasion d'un soulagement, au même titre qu'un juron...), agit comme une rupture du contrat de réciprocité dont on nous a inculqué le principe quand nous étions enfants : le mot, dorénavant, doit être employé d'une façon quand il s'agit de moi, d'une autre façon quand il s'agit de vous; et, à ce niveau de l'expérience pratique, le phénomène, à mon avis, ne peut plus être formalisé, car il cesse de se situer à l'intérieur d'un usage défini du mot.

Répété pendant des années (songeons à ce que dit Isherwood, dans *Mr. Norris Changes Trains*, du langage des journaux allemands, qui, par son manichéisme simpliste, avait fini par apparaître aussi lointain et aussi creux que les rites de la politesse chinoise), il est certain que ce tir de barrage finit par faire sauter le sens des mots, en sorte que *déloyauté* n'est plus qu'un

terme d'injure qu'on applique couramment à l'adversaire, et qui est reconnu comme tel. Mais, du fait même,
à mon avis, il a perdu son A, et ne peut plus espérer
que le A! trompe qui que ce soit.

J'ai fait remarquer, dans le chapitre précédent, que
ce serait absurde de la part d'une règle linguistique
malchanceuse d'essayer de se convertir en loi morale,
en vertu de quoi les exemples qui font exception à la
règle seraient qualifiés de malhonnêtes. Mais le gram-
mairien n'éprouve pas le besoin de protester que les
valeurs humaines sont aussi étrangères à sa spécialité
qu'à celle du physicien. Ce serait tellement commode
de disposer d'une simple règle qui permettrait d'identifier un langage immoral! Personnellement, je n'y crois
pas. Des exemples de B. A! peuvent, je pense, se rencontrer (étayés par une modalité), et ne sont pas obligatoirement immoraux; ils peuvent être, aussi bien, humo-
ristiques. Des exemples de B = A!, c'est-à-dire des
exemples où un raisonnement mensonger fait dépendre
sa force de conviction de cette équation, ne se rencontrent
jamais, à mon avis, même s'il s'agit d'emplois malhonnêtes du langage.

Resterait à examiner de quelle façon le mécanisme
de l'équation s'accommode d'émotions de la plus grande
simplicité, dans des emplois du mot, du genre de ceux
que nous avons rencontrés au chapitre précédent.

Un hebdomadaire américain consacrait un entrefilet,
il y a quelques années, au retour d'Angleterre d'un visi-
teur étranger haut placé; l'histoire disait qu'il avait
refusé de faire ce voyage si sa maîtresse ne l'accompa-
gnait pas; les Anglais (paraît-il) avaient eu ce commentaire : « Le Foreign Office est paniqué! » L'anecdote
me parut pleine de sel, et représentative d'un courant
assez net de propagande anti-anglaise. Pourtant, l'effet
de propagande est lié, ici, à une seule chose : il s'agit
de présenter la rédactrice comme un exemple typique

de la mentalité anglaise, de façon à faire endosser à l'ensemble des Anglais tout ce que suggère la formule en question. Ce qui m'intéresse, c'est le point de vue de la rédactrice, dont il n'est pas du tout exclu qu'elle se soit exprimée ainsi. Elle est visiblement victime d'une peur (très « midinette ») de tout ce qui est complication, peur qui n'a rien à voir avec une conviction d'ordre moral. Le problème, pour moi, est de savoir si une équation d'aucune sorte est, ici, sous-jacente. On pourrait supposer que la rédactrice en question fait du mot un emploi argotique, en lui donnant le sens : « source de complications », et y ajoute l'émotion non pertinente, issue d'un autre sens du mot : « occasion de panique (horreur et épouvante) ». Mais quand un mot n'est employé que pour renvoyer à des émotions, autrement dit, lorsque les émotions sont le sens même du mot, la disctinction devient insignifiante. Je maintiens que le tour plaisant de l'expression vient de ce qu'on imagine aisément dans quel contexte la rédactrice emploie habituellement le mot, ce qui est panique, pour *elle*. Pour cette petite oie, l'événement paniquant, par excellence, la norme caractéristique de la terreur panique, c'est quelque chose comme « ne pas pouvoir aller aux toilettes sans avoir à demander la permission ». (On me dira que cela n'a rien à voir ; mais c'est précisément ce qui fait apparaître la citation comme un modèle de sottise.) En lui-même, l'emploi du mot dans un pareil contexte n'entraîne aucun changement de sens ; les personnes qui emploient cet argot de collégienne ressentent effectivement de la panique, en l'occurrence ; elles éprouvent le monde des adultes comme quelque chose de cruel, que dominent des lois dépourvues de sens. A ce stade, il ne fait aucun doute que la signification globale soit « adaptée » [*adequated*], en l'occasion, à la tâche de colporter des émotions extravagantes ; et le sens, pour la circonstance, pourrait être : « source

de complication ». Mais ce plaisant échantillon d'argot
est, en même temps, le véhicule de quelque chose
comme : « je suis le genre de rédactrice qui est capable,
très sérieusement, de trouver l'occasion épouvantable ».
Pour autant que la rédatrice est consciente de recourir
à l'argot, il y a une idée de cet ordre : « en donnant un
tour amusant à l'événement, je reconnais qu'il n'est
que source de complication; mais quand même je... »,
etc. Ce second stade est ce que j'appelle une modalité;
le premier est trop inconscient. Même au niveau du
premier stade, on pourrait dire qu'il y a deux sens du
mot en jeu, puisqu'il y a deux situations qui, vraisemblablement, suscitent des sentiments différents (même
s'il est dit que ces sentiments sont similaires). Cette
sorte de déplacement de l'emploi d'un mot peut être
considérée comme un transfert; mais je ne crois pas que
cela vaille la peine de le considérer comme une équation.

Interférences entre équations et émotions; langage parlé,
langage écrit; chevauchements entre les types d'équations

Je reconnais qu'il y a de sérieuses difficultés, quand
on tient compte des émotions, à répartir les équations
dans mes quatre types; mais ces difficultés sont d'un
autre ordre. La question est de savoir si l'émotion surgit
d'emblée, ou non; et si elle apparaît comme cause,
ou comme effet. Revenons à notre mère de famille, qui
disait d'Amélie qu'elle était délicate, et qui me servait
d'exemple quand je n'avais pas encore énuméré mes
types. J'ai posé en principe qu'elle s'exprimait de façon
telle qu'on ne pouvait hésiter sur le sens à donner à ses
recommandations. Un air hautain, un ton de louange,
donnent au mot une émotion qui impose le sens de
« distinguée »; et, en tant que sens vedette pour cet
emploi du mot, « distinguée » fonctionne comme sujet
de l'équation. « Maladive », sens ordinaire, est appelé

par le contexte, et joue le rôle du prédicat. Il faut maintenant faire un pas de plus. Nous pourrions supposer
que la dame en question prend « distinguée » comme
sens fondamental, ou sens seul-véritable, ce qui nous
donnerait une équation du type 3. Mais c'est une solution trop compliquée; et, d'autre part, l'équation
aboutit à un contresens, si elle est de la forme : « A est
typique de B ». Cet exemple, qui est simple, doit être
défini par un schéma *ad hoc.*

Du point de vue de la locutrice, l'émotion apparaît
en tant qu'elle est suscitée par le sens; mais, pour son
auditeur, le sens est déterminé par l'émotion. Du point
de vue de l'auditeur, nous pouvons définir l'intonation,
qui accompagne l'émission verbale, comme son « contexte le plus immédiat ». Dès lors, c'est « distinguée »
qui se trouve imposé par le contexte le plus immédiat;
« maladive », sens ordinaire, est seulement exigé par
un contexte plus lointain; et l'équation est du type 1.
Tel est, je crois, le schéma qu'on attend. C'est la version « naïve » de l'événement, d'où j'ai, par hypothèse,
écarté toute difficulté. Mais un grand nombre de versions
effectives peuvent être beaucoup moins naïves. Sup-
posez que la mère de famille laisse à peine entrevoir
son sentiment, et que M. Jones soit incapable de savoir
si, véritablement, elle a voulu, ou non, insinuer quelque chose... Il nous faut recourir à un exemple plus
explicite.

La duchesse de Berwick, dans *l'Éventail de Lady
Windermere* [1], a donné à sa fille ses directives : rester,
le temps de deux danses, sur la terrasse, en compagnie
de M. Hopper, qui arrive d'Australie. « Prenez bien
soin de mon petit jacassin », dit-elle, en quittant la
jeune fille, dont le rôle consiste uniquement à répondre :
« oui, maman ». Et, quand elle les voit revenir (la jeune

---

1. *Lady Windermere's Fan :* la pièce célèbre d'Oscar Wilde (1892).

fille répondra « oui, maman », quand sa mère lui deman-
dera de quoi ils ont parlé), la duchesse passe à l'attaque
de la façon suivante : « M. Hopper, je suis très, très en
colère contre vous. Vous avez emmené Agathe sur la
terrasse, elle qui est si délicate!... » La duchesse met
l'accent, à longueur de journée, sur la délicatesse de
sentiment de la jeune fille (« Je suis absolument navrée,
Margaret. Agathe, ma chérie! — Oui, maman. — Veux-
tu m'apporter l'album de photos qui est là-bas? — Oui,
maman. — La chère petite! Elle raffole des photos de
Suisse. Quel goût exquis! »). De même, son penchant
pour la mise en scène est présenté comme étant du dernier grotesque. Enfin, le mot « délicate » se glisse dans
la conversation de façon trop insensible pour qu'on
puisse dire que le sens de *distinguée* est imposé, comme
si notre duchesse mettait son point d'honneur à ne pas
avoir l'air d'y toucher. Il y a, à mon avis, deux façons
différentes d'aboutir à la formalisation, selon qu'on
admet que le personnage est conscient, ou non, de jouer
avec le mot. La difficulté est qu'il faut voir, dans *maladive*, la « véritable signification du mot », et laisser
distinguée dans son rôle de prédicat, sans que l'équation
devienne absurde.

Si la duchesse agit spontanément, ou, plus précisément, si elle est capable de se livrer à ce petit jeu (presque) sans y penser, l'équation s'écrira (par exemple) :
« la bonne espèce, parmi les jeunes filles maladives,
c'est l'espèce distinguée ». En d'autres termes, l'intonation est là pour introduire l'émotion élogieuse, et, malgré
cela, le sens est autorisé à demeurer ce qu'il était, c'est-
à-dire *maladive*. Nous pouvons prendre pour point de
départ le schéma de Richards : A. B! Ce schéma fait
surgir le sens B, qu'une équation relie à A. La logique
est sauvée, si l'on admet que c'est maintenant une
certaine nuance de A qui est en jeu. (J'appellerai
cette nuance : charge qualifiante [*qualifying pre-*

grancy], pour la distinguer de la charge typifiante[1].)

Mais il y a, il me semble, un autre montage possible, si l'intention est mieux marquée; c'est dans cette seconde hypothèse que le pauvre M. Hopper est en droit de s'interroger, après coup : « essayait-elle, ou non, de m'entortiller? » Le sens de *maladive* est toujours transparent, soit : A; mais le sens de *distinguée*, soit : B, ne joue plus qu'une sourdine. J'ai proposé la notation : A. (B) pour les cas de ce genre. L'hésitation : B a-t-il pour fonction d'être le *véhicule* de quelque *insinuation* peut maintenant se noter : A. (B = A); et l'équation, si elle est là, se présente sous une forme militante : « les jeunes filles distinguées sont maladives ». Les gens de l'époque victorienne, et, particulièrement, ces mères de famille à allure de potentats, se faisaient fort d'être assertivement non assertives (si tant est que la formule soit intelligible), et je ne crois pas déraisonnable de penser que ce petit jeu exige une analyse fort nuancée.

« La bonne espèce, parmi les jeunes filles maladives, est l'espèce distinguée » est une variété du type 2. L'équation entre parenthèses (qui reproduit, exactement, l'équation militante du personnage) est au contraire du type 1, pour autant qu'elle est là. Au reste, il y avait aussi, à l'époque, des manières d'employer le mot, qui avaient valeur d'euphémismes. La jeune fille pouvait être bel et bien maladive, mais en le disant de cette façon, on atténuait la chose, en insinuant qu'elle avait pour elle toutes sortes de bonnes raisons. Il y a là, à l'intérieur du mot, une possibilité d'insinuation encore plus pénétrante, qui, chez tel ou tel locuteur, pouvait être ressentie derrière le moindre emploi du mot. Le contenu logique est encore : « la bonne espèce, parmi les jeunes filles maladives, est l'espèce distinguée »; mais l'utilisation est en si estompée que

1. Cf. p. 63, n. 2.

cette équation pourrait être, à son tour, mise entre parenthèses.

Il semble vraisemblable, à voir les ramifications du mot, que tout sens marginal [*marginal meaning*] (capable d'apparaître isolément dans certains contextes) est, automatiquement, capable d'apparaître comme connotation, lorsque le mot est employé avec son sens fondamental. Il n'y a aucune difficulté en ce qui concerne le type de l'équation : il s'agit, normalement, du type 2; mais le mot peut également être l'occasion d'une équation du type 1, avec les termes interchangés. Les gens, me semble-t-il, ne s'embarrasseront guère d'un double sens de cette sorte, à moins d'y être spécialement attachés; et l'aspect particulièrement accrocheur de *délicate*, à l'époque victorienne, représente, sans doute, un cas limite.

Il reste que cette analyse suppose des interlocuteurs qui s'expriment oralement, et introduisent les émotions par le biais de l'intonation. Mon dernier exemple, sans doute, est emprunté à une pièce de théâtre livrée à l'impression; mais nous avons le sentiment que nous savons comment l'actrice doit le dire. En revanche, dès qu'on prend ses exemples dans un texte destiné à la lecture, l'ensemble de la théorie, en ce qui concerne les types, s'en trouve perturbée.

Dans le texte imprimé, l'émotion, n'étant pas appelée par le contexte immédiat de la parole, doit, vraisemblablement, tirer son origine d'un contexte plus éloigné, peut-être très éloigné, ne serait-ce que l'idée qu'on a, d'ores et déjà, sur le style de l'écrivain. Le premier emploi de *délicate*, dans l'exemple d'Amélie, devient alors une équation du type 5 (type aberrant, comme dans le calembour sur « faire des vers »). Et malgré cela, une connaissance du style peut être, parfois, si proche d'une connaissance de la voix, que nous captons l'intonation directement. On objectera qu'à une seconde lecture, c'est à travers notre imagination que nous croyons entendre la voix, mais que le phénomène ne saurait se produire à une première lecture. Je pense, pour ma part, que ce n'est pas impossible, mais que l'expérience est loin d'être simple. Ce que nous captons, en fait, et que nous assimilons à la tonalité d'une voix, c'est la façon dont l'écrivain emploie un certain nombre de mots qui lui sont chers; nous ajustons leurs sens fondamentaux à son propos, et, cela fait, les mini-équations se mettent en place, exactement comme si sa voix mettait en évidence les sens-vedettes. Nous aurons vite fait de comprendre, par exemple, qu'un écrivain utilise « distinguée » comme sens fondamental de *délicate* : « donc elle est maladive » peut, alors, assumer un rôle subalterne, en tant qu'implication. L'exemple aurait sans doute besoin d'être nuancé; un écrivain n'emploierait pas, telle quelle, la phrase sur Amélie, s'il parlait en son propre nom; un romancier, qui la mettrait dans la bouche d'un personnage, n'aurait qu'à ajouter : « dit-elle, d'un ton hautain », pour qu'aussitôt le lecteur imagine, « en direct », l'intonation. La leçon de cette analyse c'est que l'écrivain peut beaucoup, pour modifier la structure relationnelle des divers sens d'un mot, dans le cadre de son style; il est capable d'imposer un nouveau sens fondamental, ou, du moins, un nouveau sens dominant.

J'ouvre une parenthèse. A force d'écrire sur Shakespeare (à condition que ce qu'on écrit ne soit pas entièrement aberrant...), on peut, de mieux en mieux, se prononcer sur la nature des équations à l'intérieur des mots, et, par suite, sur la façon dont l'acteur doit les dire, pour que la structure signifiante passe mieux la rampe. Quand j'affirme que Shakespeare emploie continuellement le mot *fou* avec le sens-vedette de « bouffon », je devrais être convaincu que cette lecture améliore le sens du passage dans un grand nombre d'occasions;

mais la théorie tourne court, si un acteur n'intervient
pas pour dire le mot de façon telle que l'effet passe la
rampe. Je ne me risquerai pas à préciser par quels moyens
mais les moyens, dans ce domaine, ne manquent pas,
et je suis certain que la chose est possible : peut-être,
par une certaine façon de goûter (et de faire goûter)
le mot, plus vraisemblablement, par l'ensemble de son
jeu.

Dans un cas simple du type 1, où le contexte déter-
minant est le contexte parlé, il n'y a pas besoin d'émotion pour introduire aucun des deux sens, encore qu'une
équation, cela va de soi, apparaisse plus clairement si
le mot est prononcé sur un ton entendu ou emphatique.
Dans le type 2, c'est le prédicat qui, vraisemblablement,
aura besoin d'être soutenu par une émotion, soit dans
le contexte, soit dans la voix, comme dans le cas où
indigène est prononcé sur un ton de mépris. Dans le
type 3, le sujet, inattendu, a besoin d'être souligné ; et,
pour ce faire, la solution courante est de dire le mot
« entre guillemets », ce que nous faisons, essentiellement, par un air d'insistance, une légère pause, et une
formule comme « au sens où j'entends le terme... ».
Dans le type 4, les deux idées ont tendance à se faire
sentir de façons similaires, si bien que l'émotion, s'il
en est une qui s'exprime, les englobera toutes deux ;
le type 4, en général, ne pose aucun problème, concernant le moment où surgit l'émotion.

Dans de nombreux cas du type 3, il n'y a aucune
émotion spécifique, susceptible de mettre en relief le
sens qui doit fonctionner comme sujet ; mais, quand
il y en a une (comme, peut-être, pour *fou*), le fait de
prononcer la phrase avec l'intonation voulue a pour
effet de ramener l'équation au type 1, tout en lui con-
servant son interprétation : « A est typique de B ».
Mais cette façon de décrire les choses est elle-même
trompeuse, car le sujet y fait figure de sens fondamental,

alors que, dans le type 1, le sens fondamental doit être un sens mineur. Si l'auditeur accepte le sujet comme sens fondamental, l'équation, vraisemblablement, passe au type 2. De la même façon, quand Amélie est qualifiée de *délicate*, l'auditeur peut laisser échapper l'intonation qui créait un type 1; et s'il soupçonne, ensuite, la présence d'une équation, il ne pourra s'agir que du type aberrant (type 5). Ainsi, il faut admettre des possibilités de chevauchements entre les types, compte tenu de la façon dont le message est reçu. Cette description pourra paraître désordonnée : mais j'ose dire qu'en cela, elle est le reflet même des faits.

On peut, enfin, se demander s'il n'y a pas une confusion dans la manière même de définir les types, selon qu'on y procède du point de vue du locuteur, ou de l'auditeur, de l'écrivain, ou du lecteur. Le sujet de l'équation est défini du point de vue de l'émetteur : c'est ce qu'il présente comme véritable signification du mot. Mais le critère qui permet de tirer des conclusions du contexte immédiat adopte le point de vue du récepteur. A ce moment-là (dira quelqu'un), il vaudrait mieux dresser deux séries de types, et étudier ces deux séries séparément. Mais une telle solution, créant de fausses fenêtres, susciterait, selon moi, plus de problèmes qu'elle n'en résoudrait. Normalement, le récepteur essaie de comprendre ce que l'émetteur met sous un mot; et l'émetteur ne fait pas fi de la nécessité de se faire comprendre. Bien sûr, en cas de malentendu, il faut formaliser les deux points de vue séparément; mais même alors, chacun des interlocuteurs a l'illusion que l'autre est sur sa propre longueur d'onde. (Des psychologues d'enfants ont fait valoir qu'un enfant ne s'adresse jamais qu'à lui-même; en fait, l'enfant tient les deux rôles à la fois.) En fin de compte, et pour répondre, une fois pour toutes, au reproche de confusion, je dirai que les types d'équations sont établis du point de vue du récepteur, et qu'on postule qu'il fera toujours l'effort de juger de ce que l'émetteur a choisi comme sens-vedette.

Critique de Jespersen

Dernière remarque : on pourrait penser à introduire dans cette analyse la distinction de Jespersen [1] entre « jonction » [*junction*] et « connexion » [*nexus*], puisque ce qu'il appelle connexion a partie liée avec les mots, ou groupes de mots, qui véhiculent des assertions (sans que la grammaire traditionnelle en ait conscience). Je ne crois pas, pour ma part, que sa thèse soit, ici, d'aucun secours, quelle que soit sa valeur par ailleurs. Si nous prenons une phrase comme : « la compétence du médecin était grande » (exemple un peu naïf, que je choisis pour mieux mettre en lumière l'alternative), cette phrase peut vouloir dire : « le médecin était compétent, vraiment très compétent »; et alors, si je comprends bien, « la compétence du médecin » est une connexion et véhicule une assertion; ou bien elle signifie : « les qualités qu'on est en droit d'attendre d'un médecin se rencontraient chez lui à un degré élevé »; et alors, l'expression n'est plus qu'une jonction. Ou (pour prendre un exemple encore plus plat), une phrase comme : « le nez de Tom est long » n'est évidemment pas ressentie, au niveau du langage, comme véhiculant une assertion annexe : « Tom a un nez », dans la mesure où le fait est considéré comme allant de soi. Mais les choses qui sont considérées comme allant de soi à une époque donnée, ou par un certain type de locuteurs, cachent fréquemment des assertions im-

---

1. Otto Jespersen : le linguiste danois (1860-1943). La distinction commentée ici par Empson est développée par Jespersen dans son livre *The Philosophy of Grammar* (1ʳᵉ éd. : London, George Allen & Unwin, 1924), chapitre VIII (p. 108-116) : « Junction & Nexus ».

plicites bien plus intéressantes que celles que révèle une « connexion »; et, par ailleurs, elles ont beaucoup plus de chances d'être des vérités d'ordre général. L'idée que tous les médecins sont compétents a une portée beaucoup plus grande, ou (disons) nous en apprend beaucoup plus long sur le locuteur, que le petit jeu qui consiste, à propos d'un individu déterminé, à prononcer le mot compétent deux fois de suite...

J'aurais peut-être dû faire entrer dans mon analyse les assertions implicites sous-jacentes à des groupes de mots, encore qu'il semble bien que l'exemple ci-dessus n'ajoute qu'une implication au mot « médecin » (tandis qu'une expression comme *régulation des naissances* peut être traitée, tout simplement, comme s'il s'agissait d'un mot unique). Quoi qu'il en soit, ce que j'aurais alors à étudier serait des expressions-jonctions, et non des expressions-connexions.

Traduit de l'anglais et annoté
par André Jarry

Jean Cohen

Théorie de la figure [*]

Dans un ouvrage qui en son temps fit autorité, le philosophe Charles Serrus déclarait : « Il n'y a pas lieu de poser un parallélisme logico-grammatical. La légalité de la langue n'est pas la légalité de la pensée et il est vain d'établir entre elles quelque correspondance que ce soit [1]. »

Danger des affirmations dogmatiques! Celle-ci, depuis qu'elle a été émise, n'a pas cessé de se démentir, comme n'a pas cessé de se combler le fossé qu'elle avait creusé entre logique et linguistique, par un double mouvement parti de ses deux versants à la fois.

Du côté linguistique d'abord, le pas décisif a été accompli le jour où l'on sut retrouver l'intuition profonde de Port-Royal, distinguant deux niveaux du langage, niveau manifeste ou de surface d'une part, niveau profond ou sous-jacent d'autre part. La grammaire transformationnelle d'abord a tenté de réduire des formes syntaxiques apparemment diverses à une même structure profonde; l'analyse componentielle des Américains et structurale des Français, ensuite, a pu appliquer la même réduction à la sémantique. Or, si le rapprochement des systèmes logiques et des formes superficielles du discours pouvait apparaître

[*] Paru originellement dans *Communications*, 16, 1970.
[1]. *Le Parallélisme logico-grammatical*, Alcan, 1933.

comme une entreprise désespérée, la comparaison semble beaucoup plus prometteuse dès lors qu'on s'attache aux structures profondes, surtout si l'on tient compte de la récente évolution de la logique elle-même.

La logique, on le sait, a connu deux grandes étapes de développement dans ses rapports avec le langage. La première fut celle des *Analytiques* d'Aristote où le parallélisme logico-grammatical était établi a priori et en quelque sorte par définition puisque la logique n'était rien d'autre qu'une analyse du « logos »... La rupture du parallélisme s'est accomplie lors de la deuxième étape, lorsque Boole et Morgan constituèrent la logique comme un langage artificiel, destiné à pallier les carences du langage naturel : ambiguïté, inconsistance et redondance. Mais ce faisant, cette nouvelle logique ou linguistique faite tout entière pour les mathématiques et par des mathématiciens tournait le dos à ce que l'on a pu appeler la « logique opératoire naturelle ». Soumise aux seuls impératifs de la formalisation et de l'axiomatisation, la logistique a perdu de vue ce qui était l'intention première de la logique : construire une langue idéale qui fût la norme de tout discours cohérent. Ainsi l'implication, qui est la clé de nos opérations intellectuelles, est définie de telle sorte, dans le système véri-fonctionnel ($\bar{P}$ v Q) que le faux implique le vrai, conséquence scandaleuse aux yeux de qui la logique reste un « art de penser », un guide de l'intelligence dans sa recherche de la vérité. Il est donc naturel que s'esquisse aujourd'hui, avec les travaux de Piaget et son école, et plus récemment de Robert Blanché, une sorte de retour aux sources, par la constitution d'une « logique réflexive » qui explicite les règles de la pensée effective. Or, entre ces règles opératoires d'une part, et les structures linguistiques profondes d'autre part, voici que commence d'apparaître un certain degré d'isomorphisme[1]. Et déjà, du point de vue de la sémantique, qui seul nous intéresse ici, une convergence remarquable s'affirme entre recherches indépendantes menées, d'une part par le logicien Blanché et d'autre part par le linguiste Greimas, autour d'une même organisation hexadique de ce que le premier appelle « structure intellectuelle » et le second « structure élémentaire de la signification[2] ». Rencontre née d'un double mouvement de logification de la sémantique et de sémantisation de la logique, rapprochant les deux sciences de leur point virtuel de rencontre, où la logique apparaîtra comme forme du contenu et la sémantique comme contenu de la forme d'une même réalité qui est l'intelligence en acte : elle-même forme finale de ce long processus d'équilibration décrit par Piaget qui mène la pensée humaine de son enfance intellectuelle à sa maturité.

Dès lors, l'idée d'une norme linguistique, si contestée aujourd'hui, trouve une assise solide. La norme n'est plus fondée sur l'usage, indéfiniment variable au niveau de la parole. Elle repose sur un ensemble limité et invariant de règles opératoires. Par suite, la notion d'écart comme transgression systématique de la norme, dans laquelle j'ai proposé de trouver le trait pertinent de la poéticité, prend elle-même une signification logique. Écart linguistique et écart logique tendent à se confondre, et il devient désormais théoriquement possible de construire un modèle logique des figures du langage poétique, un algorithme susceptible peut-être, par un développement ultérieur, de fournir la base d'un calcul des figures.

1. Pour la vérification expérimentale de ces corrélations, cf. H. Sinclair de Swaart, *Acquisitions de la pensée et développement du langage*, Dunod, 1967.

2. Robert Blanché, *Structures intellectuelles*, Vrin, 1966. A. J. Greimas, *Sémantique structurale*, Larousse, 1966.

Cette possibilité est celle dont la présente analyse essaie d'offrir un commencement de réalisation. D'une manière évidemment élémentaire et encore simplifiante à ce stade, mais appelant d'elle-même un raffinement ultérieur de l'analyse. Sans doute, les figures examinées ici sont-elles toutes de niveau sémantique, mais ce niveau est celui qui s'avère poétiquement le plus opérant. Et quant aux figures de type phonique ou syntaxique, rime, inversion, etc., il n'est pas impossible qu'elles s'intègrent un jour à un modèle plus vaste de logique elle aussi réflexive, qui refléterait non plus seulement la formation mais aussi la communication de la pensée.

Le principe fondamental de la logique, la norme qui régit aussi bien la langue que la métalangue, est le principe de contradiction. Il interdit, on le sait, de conjoindre une proposition et sa négation : $P.\overline{P}$ [1].

Si l'on donne à la proposition sa forme linguistique canonique, sujet, copule, attribut (S est P), le principe prohibe alors l'énoncé d'une proposition moléculaire formée de deux propositions atomiques « homonymes » coordonnées, l'une affirmative et l'autre négative : « *S est P et S n'est pas P* ».

On se rappelle les problèmes posés à propos de ce principe par les théories de Lévy-Bruhl sur la pensée « primitive », pensée « prélogique » parce que soumise à une loi de participation qui ignore la contradiction. En fait, le Bororo qui affirme que « les Bororos sont des Araras » (perroquets) n'admettrait pas qu'ils ne sont pas des araras. Il est donc, lui aussi, sensible à la contradiction. Mais comme le remarque Piaget : « Pour la pensée effective d'un sujet réel, la difficulté commence

1. On symbolisera indifféremment la négation par $\overline{P}$ ou non-P.

lorsqu'il se demande s'il a le droit d'affirmer simultanément A et B, car jamais la logique ne prescrit directement si B implique ou non non-A. Peut-on, par exemple, parler d'une montagne qui n'a que cent mètres
de haut, ou est-ce contradictoire? Peut-on être à la fois
communiste et patriote [1]? » Il n'y a donc contradiction
effective qu'à partir de définitions des termes engagés
dans la proposition, définitions au sens large où entre-
raient les implications contextuelles de ces termes. Le
principe n'est donc pratiquement opérant que dans ses
applications linguistiques. Or, ce que la présente
analyse va essayer de démontrer, c'est que l'ensemble
des figures sémantiques de la rhétorique constituent
autant de violations du principe fondamental et qu'elles
ne diffèrent entre elles, à travers la diversité de leurs
formes syntaxiques et de leurs contenus lexématiques,
que par la force ou le degré de cette transgression.
Cette variation en degré sera introduite par un raffinement de la notion de contradiction, dû à un jeu d'oppositions pertinentes : neutralité vs polarité, position
vs présupposition, qualitatif vs quantitatif.

Ici s'introduit une notion nouvelle et paradoxale :
celle de « degré de logicité », qui remplace l'alternative
simpliste du tout ou rien par une échelle de degrés de
déviations par rapport au principe de non-contradiction.
Cette notion, parallèle à celle de « degré de grammati-
calité », proposée par Chomsky, permet de distinguer
les figures selon la grandeur de leur « alogicité », sans
que l'on puisse cependant, soulignons-le, à ce premier
stade, les ranger toutes selon un ordre scalaire unique.
Au plus haut degré se trouvent les figures dont le
caractère paralogique évident a été reconnu comme tel
par la rhétorique classique. Au plus bas degré, des
figures dont la faiblesse même de l'alogicité dissimule

---

1. *Psychologie de l'intelligence*, Colin, 1956, p. 41.

le caractère anormal. C'est ainsi que T. Todorov a pu diviser les tropes en deux classes : « ceux qui présentent une anomalie linguistique et ceux qui n'en présentent aucune [1] » et parmi ces derniers, sont classées des figures telles que la comparaison, la gradation ou l'antithèse.

Une erreur n'est vraiment rectifiée que si l'on peut expliquer comment, quoique fausse, elle a pu se donner pour vraie. La distinction de degrés dans l'alogisme va nous permettre de le faire, en montrant que gradation ou antithèse sont effectivement anormales mais à un degré assez faible pour paraître innocentes à une analyse insuffisamment « fine [2] ».

Il est, dans la langue, deux types de négation : négation grammaticale, que connaît seule le logicien, et négation lexicale. Si l'on s'en tient aux formes de surface, « ceci est invraisemblable » est une proposition affirmative au même titre que « ceci est vraisemblable ». Mais ici, la région préfixée reste manifeste, ce qu'elle n'est plus dans l'opposition vrai/faux, termes entre lesquels règne le même rapport de contradiction, puisque « faux » est défini par le dictionnaire comme « ce qui n'est pas vrai ». Et il en est de même dans tous les paradigmes binaires, dont chaque terme peut être tenu pour la négation pure et simple de l'autre : ainsi « beau/laid », « bon/mauvais », etc.

Mais l'équivalence entre les deux types de négation cesse dès qu'il s'agit de paradigmes ternaires tels que « antérieur/simultané/postérieur », « noir/gris/blanc » ou « grand/moyen/petit ». En ce cas, la négation grammaticale « X n'est pas grand » équivaut à la disjonction « X est petit ou moyen ». Et déjà, rappelons-le, la

1. *Littérature et Signification*, Larousse, 1967, p. 108.
2. Sur les anomalies comparatives, je me suis déjà expliqué dans « Poétique de la comparaison : essai de systématique », *Langages*, VIII, Paris, 1968.

logique classique avait distingué deux degrés de la
négation, selon qu'elle est préposée ou postposée au
quantificateur : *omnis non* vs *non omnis*. L'une est en
effet plus forte que l'autre puisqu'elle nie universellement le prédicat tandis que l'autre en nie seulement
l'universalité. On a donc deux degrés de la négation
et, corrélativement, deux degrés de la contradiction.
Ainsi « petit » est la négation forte de « grand » tandis
que « moyen » est la négation faible des deux autres.
« Petit » et « grand » forment les deux termes extrêmes
ou contraires, que l'on appellera « polaires » tandis
que « moyen » sera nommé terme « neutre » *(ne-uter)*.
Et il faut souligner que si le terme neutre fait souvent
défaut dans nos paradigmes lexicaux, la double négation
grammaticale « ni... ni » offre toujours le moyen de
l'exprimer. En niant à son tour ce terme, on a le terme
disjonctif (AvZ) nommé « complexe », ce qui nous
donne l'hexagone de Blanché (où A et Z figurent les
termes polaires, N le terme neutre, et T le terme
complexe) que l'on peut représenter ainsi :

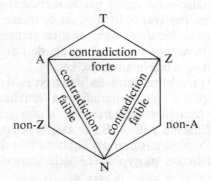

A partir de ce modèle, où sont représentées les formes
faibles et fortes de la contradiction, il est possible,

on va le voir, de dégager et de formaliser la structure logique de plusieurs figures importantes de la rhétorique. Elles sont toutes faites en effet de la conjonction de deux de ces termes qui, par définition, n'admettent que la disjonction.

Commençons par la contradiction pure et simple : S est A.Ā. Sous cette forme, la figure n'a pas été recensée par la rhétorique, elle n'est guère attestée dans la poésie classique, du moins à ma connaissance. On peut toutefois citer, à titre d'exemple, l'exorde habituel des contes majorquins « Cela était et cela n'était pas » *(Aixo era y no era)* — et l'on n'aura sans doute pas de mal à en trouver d'autres exemples dans la poésie contemporaine [1].

La contradiction (A.Ā) est en rapport d'inclusion avec les deux négations : forte (A.Z), faible (A.N). On peut donc, a priori, déduire l'existence de deux figures représentées par ces deux formules.

La première, degré haut de la contradiction, qui conjoint les termes polaires A et Z, est la formule logique d'une figure bien connue des rhétoriciens et largement attestée dans la poésie de tous les temps : l'oxymore, dont l'exemple le plus célèbre est « l'obscure clarté » de Corneille. Morier la définit comme « une sorte d'antithèse dans laquelle on joint deux mots contradictoires, l'un paraissant exclure logiquement l'autre [2] ». Sous le nom de « paradoxisme » Fontanier en donne une définition similaire : « artifice de langage par lequel des idées ou des mots ordinairement opposés et contradictoires entre eux se trouvent rapprochés et combinés [3] ». Mais il faut préférer le terme d'oxymore, qui, fait de deux mots grecs, *oxus* et *moros*, signifiant « pointu » et « émoussé », constitue lui-même une

1. Ainsi : *Douceur d'être et de n'être pas* (Valéry).
2. *Dictionnaire de poétique et de rhétorique*, PUF, 1961.
3. *Les Figures du discours*, collection « Science », Flammarion, 1968.

première réalisation de la figure et donne ainsi un exemple de motivation du signe qu'on doit saluer au passage, avant d'en chercher une définition plus rigoureuse que celles qui viennent d'être citées.

On peut remarquer en effet d'abord que les auteurs emploient tous deux le terme de « contradictoire » alors que c'est « contraire » qui est ici pertinent. Il est vrai que l'exemple type engage un paradigme binaire (clair/obscur) où les notions de contradiction et de contrariété se confondent. Mais ce n'est plus le cas avec le double oxymore de Nerval : *La nuit sera noire et blanche*, où l'opposition étant ternaire, la contrariété est seule pertinente. De plus, les termes de « joint » ou « rapprochés et combinés » ici utilisés sont à la fois confus et inadéquats. On a vu que c'est la conjonction qui fait l'oxymore tandis que le rapprochement, on le verra, fait l'antithèse.

La formule $S = A.Z$ constitue la structure logique profonde de l'oxymore, dont les réalisations syntaxiques et lexématiques peuvent être indéfiniment variées. Toutefois il est possible de nouer ici la logique à la syntaxe en affinant l'analyse. Si, en effet, on compare ces deux expressions :

a) *Cette obscure clarté qui tombe des étoiles* (Corneille).

b) *Tes yeux... sont plus clairs que le jour, plus noirs que la nuit* (Pouchkine). Il apparaît que la contradiction est plus forte en *a* puisque en *b* elle porte seulement sur la prédication, tandis qu'en *a* elle atteint le sujet lui-même. Et si l'on voulait subtiliser encore, on pourrait distinguer des sous-espèces de figures selon le type de coordination. Il semble, en effet, que l'emploi de conjonctions adversatives dans : *Je suis comme le roi d'un pays pluvieux, riche mais impuissant, jeune et pourtant très vieux*, affaiblisse, en l'exprimant, la contradiction elle-même.

Remarquons encore que la même formule logico-syntaxique se retrouve dans « l'obscure clarté » et dans « le silence sonore des fleuves » *(el silencio sonoroso de los rios)* de Juan de la Cruz. Les contenus sont différents, empruntés l'un au registre optique, l'autre au registre acoustique, et on peut même les dire inverses, puisque les termes positif et négatif sont inversement distribués entre le nom et l'épithète. Leur identité structurale demeure cependant et cette identité entre des formules dues à deux auteurs d'époque et de langue différente prouve, à elle toute seule, l'existence de la figure comme « forme » virtuelle planant au-dessus de ses manifestations linguistiques.

Forme qu'il ne faut pas confondre avec ses propres réalisations usuelles ou « figures d'usage » qui transforment en stéréotypes certains investissements lexématiques de la structure. Ainsi, et par anticipation, on peut donner des exemples de telles réalisations :

- oxymore : aigre-doux
- antithèse : mi-figue, mi-raisin
- hyperbole : fort comme un taureau
- litote : il ne fait pas chaud.

C'est de telles figures d'usage que Dumarsais dit qu'il s'en fait plus « en un jour de marché à la Halle qu'il ne s'en fait en plusieurs jours d'assemblée académique ». Pour ce qui est au contraire des « figures d'invention », si leurs modèles formels sont en quelque sorte prédéterminés dans la structure profonde du langage, leurs réalisations linguistiques, avec le contenu particulier que celles-ci comportent, restent la création du poète, qui possède de ce fait sur elles une sorte de *copyright*, seul capable d'en préserver l'unicité et par conséquent l'efficience poétique.

Passons maintenant à la contradiction faible (A.N). Quoique l'idée d'une demi-contradiction paraisse d'abord paradoxale, il est clair qu'elle rejoint les évidences du sens commun. Si deux locuteurs affirment l'un que S est blanc et l'autre qu'il est gris, il est clair que leurs positions paraîtront moins contradictoires que s'ils affirmaient respectivement que S est blanc et qu'il est noir. De même, dans le domaine politique, si l'on admet la pertinence de l'axe bipolaire gauche/droite, on en déduira que le centre s'oppose moins à chacun de ces deux termes qu'eux-mêmes ne s'opposent l'un à l'autre. A moins d'admettre que ces derniers se rejoignent dans « l'extrémisme ». On retrouve alors la conception éthique d'Aristote, dont toute l'originalité consiste dans ce renversement de perspective, qui confère au « milieu » en tant que tel la différence la plus forte au sein du paradigme. Conception profonde et transposable esthétiquement, comme on le montrera. Mais il faut d'abord revenir de la politique à la poétique, pour signaler que si la forme faible de la contradiction est beaucoup plus rare que l'oxymore, il reste possible d'en citer des exemples : *les crépuscules blancs* de Mallarmé (par opposition à la nuit blanche) ou encore *la lumière blafarde* de Baudelaire, par opposition à la *lumière noire*, archétype dont l'*obscure clarté, le soleil noir, pâle comme la nuit* (Nerval) sont autant de variantes et qui se retrouve tel quel dans le dernier vers des *Ténèbres* de Baudelaire :

> Par instants brille, s'allonge et s'étale
> Un spectre fait de grâce et de splendeur.
> A sa rêveuse allure orientale,
>
> Quand il atteint sa totale grandeur,
> Je reconnais ma belle visiteuse :
> C'est elle! noire et pourtant lumineuse.

Mais la figure la plus fréquente dans la poésie moderne est celle que, dans *Structure du langage poétique*[1],

1. Flammarion, 1966.

j'ai appelée « impertinence prédicative ». Pour en rendre compte, il nous faut introduire cette seconde variable du modèle logique que constitue la différence dans la manière dont l'anomalie est réalisée, selon qu'elle se trouve dans ce que l'énoncé pose ou dans ce qu'il présuppose.

En effet, dans *Le Ciel est mort* (Mallarmé), il y a certes une anomalie, mais qui ne semble à première vue nullement relever de la contradiction. La mort est la négation de la vie, non du ciel. Et c'est pourquoi j'ai remis au sentiment linguistique la charge de discrimination de l'écart. Mais, en fait, il est possible d'user ici de la différence introduite par Greimas entre « sèmes nucléaires » et « sèmes contextuels » ou classèmes [1]. Tout lexème peut être, en effet, analysé en sèmes, qui sont posés par lui, en tant qu'il est présent dans le discours. Mais, en même temps, entre en fonction un système de compatibilité et d'incompatibilité syntagmatiques. Ainsi « mort » exige un sujet « animé », tandis que « ciel » de son côté suppose un attribut « inanimé », l'opposition animé/inanimé fonctionnant comme une sorte de sème plus large que le lexème, puisqu'elle s'applique au syntagme tout entier. Ainsi « mort » et « ciel » peuvent être déclarés contradictoires non par ce qu'ils posent mais par ce qu'ils présupposent. En symbolisant la présupposition par une flèche, la figure dite « impertinence » peut alors être représentée de cette manière, toujours en réduisant la phrase à la forme canonique :

$$S \text{ est } P$$
$$\downarrow \quad \downarrow \text{ (ou plus simplement } S \rightarrow A. \text{ non-A)}$$
$$A \quad \bar{A}$$

1. *Sémantique structurale*, p. 50.

Ce qui nous ramène donc à la première figure, avec cette différence que l'incompatibilité est cette fois en quelque sorte ou oblique ou marginale, ce qui affaiblit l'anomalie et la place à un degré plus bas dans l'échelle de logicité.

Mais à l'intérieur même de cette figure de contradiction oblique, on peut distinguer deux degrés, selon la nature du sème impertinent, qualitatif ou quantitatif. Et ici il faut utiliser une structure nouvelle, que l'on peut appeler « structure graduelle » par différence avec la structure oppositionnelle seule engagée jusqu'ici par l'analyse.

La plupart de nos adjectifs et des substantifs abstraits qui leur sont liés ont pour fonction d'exprimer des qualités. C'est pourquoi prédication et qualification sont souvent confondues dans les grammaires, toute proposition ayant pour but essentiel d'attribuer une qualité à un sujet.

Or les qualités sont généralement lexicalisées par dyades oppositives, constituées de termes extrêmes, qui sont des contraires au sens fort. Et l'on sait que les dictionnaires ont pour habitude de mentionner pour chacun de ces termes leur « antonyme » ou terme contraire. Mais à l'intérieur de cette opposition maximale, il y a place pour une qualification nuancée et déjà l'introduction du terme neutre avait affiné le champ de la prédication. Mais le terme neutre peut être interprété soit comme une qualification moyenne ou modérée, soit comme une absence de qualification. C'est pourquoi il manque si souvent, le silence fonctionnant alors comme terme neutre, puisque dire de quelqu'un qu'il n'est ni bon ni mauvais équivaut à ne rien dire de lui du point de vue éthique.

Or la plupart des qualités ne varient pas selon la loi du tout ou rien, mais admettent entre les extrêmes toute une série d'intermédiaires. Ainsi entre le *chaud*

et le *froid*, le *tempéré* s'introduit comme un terme
neutre; mais l'opération peut se répéter : entre *tempéré*
et *froid* s'interpose *frais*, entre *tempéré* et *chaud*, *tiède*
et ceci peut continuer jusqu'à l'échelle mathématique
des températures. Qui plus est, les termes polaires
eux-mêmes peuvent être dépassés par plus extrêmes
qu'eux, ainsi *brûlant* et *glacé*, de même que le paradigme
politique a vu une extrême gauche et une extrême
droite déborder les termes traditionnels. On sait d'autre
part que le langage quotidien tend à abuser de ces
termes plus qu'extrêmes et des expériences récentes ont
montré que le choix de ces termes comme contraires
d'un terme polaire donné est caractéristique de la
schizophrénie [1]. On appelle quelquefois hyperbole
l'emploi de tels termes. A tort cependant, si le terme
est pertinent par rapport au sujet. Il se peut qu'un
corps soit brûlant ou glacé et l'hyperbole comme figure
n'existe que si le terme extrême ne convient pas au
sujet qu'il qualifie. Ainsi, dans l'exemple que donne
Dumarsais : « Il va plus vite que le vent », il y a hyperbole
parce que la vitesse du mouvement naturel de l'homme
est largement inférieure à celle du vent. Il n'y en aurait
plus si au contraire il s'agissait, par exemple, d'un
avion. Dans la phrase en question, le sujet réel « mouvement de l'homme » implique une certaine vitesse qui
est incompatible avec celle du vent, mais cette incompatibilité joue entre degrés différents d'une même qualité.
Ce que l'on peut représenter ainsi, si A est la vitesse
de l'homme, A^+ une vitesse supérieure :

$$\begin{array}{cc} S & \text{est} & P \\ \downarrow & & \downarrow \\ A & & A^+ \end{array} \quad (\text{ou } S \rightarrow A.A^+)$$

1. Cf. Luce Irigaray, « Négation et transformation négative dans le
langage des schizophrènes », *Langages* V, 1967, p. 84-98.

Si maintenant on représente par A⁻ une vitesse
inférieure à A, le schéma A.A⁻ symbolise la figure
inverse, c'est-à-dire la litote.

Cette figure présente un intérêt particulier du fait
qu'elle n'est pas toujours symétrique de l'hyperbole.
Les exemples que donne Dumarsais, en effet, ne sont
pas ceux d'un moins à la place d'un plus mais d'une
négation grammaticale à la place d'une affirmation
lexicale. Ainsi *Va, je ne te hais point* où la négation « ne
pas haïr » remplace le terme « aimer » est ici
pertinent. Ce qui peut se représenter ainsi :

$$
\begin{array}{ccc}
\text{S est} & \overline{\text{Z}} \\
\downarrow & \downarrow \\
\text{A} & \text{A}\vee\text{N}
\end{array}
$$

L'incompatibilité surgit alors entre l'un des présupposés A et la moitié de l'autre, N. « Ne pas haïr » =
aimer (A) ou être indifférent (N). Comme le contexte
indique « aimer », la contradiction n'existe qu'entre
le contexte (A) et une partie du texte (N). On a donc
ici un degré de contradiction plus faible que celui de
l'hyperbole ou de la litote graduelle.

On remonte au contraire dans l'échelle de l'anomalie
avec l'ironie ou antiphrase où le prédicat est fait du
terme polaire opposé à celui qu'exige le contexte.
Soit :

$$
\begin{array}{cc}
\text{S est} & \text{P} \\
\downarrow & \downarrow \\
\text{A} & \text{Z}
\end{array}
$$

On retrouve la structure de l'oxymore, avec cette
seule différence que la présupposition y remplace généralement la position, ce qui affaiblit l'anomalie [1].

Au sujet de l'ironie, remarquons que Fontanier la

---

1. Mais la stucture peut-être identique Par exemple : *illustre inconnu*.

définit comme le fait de dire « le contraire de ce que l'on pense ». Prise à la lettre, cette définition renverrait l'ironie à la rubrique des « figures de pensée » alors que Fontanier l'enregistre en fait comme figure de langage. En réalité, la référence à la pensée du locuteur est toujours linguistiquement non pertinente et il faut éliminer définitivement du champ de la rhétorique, ainsi que le souhaite Bally [1], la classe des « figures de pensée ». Ainsi l'ironie, comme figure, consiste à dire le contraire non de ce que l'on pense mais de ce que l'on dit, soit dans le contexte, soit dans le texte « supra-segmental » (Martinet), intonation ou mimique. On ne peut savoir que l'énoncé « X est un génie » est ironique que si le locuteur exprime par ailleurs le contraire, dans un sourire par exemple, dont la fonction sémiotique est ici d'assurer la négation de l'affirmation textuelle renvoyant ainsi à la structure : S est A.non-A.

On peut maintenant attaquer « la gradation » définie comme un « ordre tel que ce qui suit dise toujours un peu plus ou un peu moins que ce qui précède » (Fontanier). Et par exemple : « Va, cours, vole et nous venge » (Corneille), que l'on retrouve à peu près tel quel dans : « Marchez, courez, volez, où l'honneur vous appelle » (Boileau), où les trois verbes peuvent être considérés comme trois degrés superposés de vitesse. Reste à interpréter la coordination. Deux possibilités : succession ou simultanéité. La première est normale. *Va, puis cours, puis vole* n'a rien d'illogique. Au contraire, en simultanéité, *marche et dans le même instant, cours et vole* est une incompatibilité de type quantitatif. Il reste donc à demander à chacun de choisir entre ces deux interprétations, et la réponse, à mes yeux, ne fait pas de doute. Et il en est de même pour toutes les occurrences que fournissent les textes littéraires. La

1. *Traité de stylistique française*, I, p. 186.

gradation normale existe bien sûr partout : une courbe de croissance économique en est une. Mais il s'agit en ce cas de temps successifs. La gradation anormale ne se trouve qu'en poésie, parce que l'anomalie est le trait spécifique de ses emplois poétiques.

Passons maintenant à la plus complexe et de ce fait la plus intéressante des figures, par le raffinement d'analyse qu'elle exige : je veux dire l'antithèse. A cette figure on consacrera un développement particulièrement long. Encore ne se laissera-t-on pas aller aux discussions philosophico-métaphysiques auxquelles le problème de l'union des contraires semble conduire irrésistiblement.

L'antithèse est liée, pour le lecteur français, au nom de Hugo, par l'usage intensif qu'il en a fait dans son œuvre et aussi dans sa vie, s'il faut en croire son dernier vers : « C'est toujours le combat du jour et de la nuit. » Mais on la retrouve chez tous les poètes et même chez Racine, que Laharpe loue pourtant pour sa sobriété en la matière. Elle est définie couramment par la rhétorique autant que par le dictionnaire comme « un rapprochement de termes opposés » et Morier en donne pour exemple ce vers de Gautier : « Le ciel est noir, la terre est blanche. » Ici nulle contradiction, aussi faible soit-elle, puisque les deux prédicats opposés appartiennent à deux sujets différents, soit : S1 est A et S2 est Z.

Déjà cependant, dans l'exemple que cite Dumarsais, apparaît une sorte de surprise ou de scandale, marque de l'anomalie : « On nous maudit, et nous bénissons; on nous persécute et nous souffrons la persécution; on prononce contre nous des blasphèmes et nous répondons par des prières » (Paul, I *Corinthiens* 4.12). C'est plus net encore dans l'exemple de Fontanier : « Quand je suis tout de feu, d'où vous vient cette glace? »

Il s'agit bien ici de deux sujets différents, Hippolyte et Aricie, mais ils sont amoureux et la réciprocité est, ou devrait être, la règle. La contradiction psychologique constituée par cette opposition à l'intérieur du couple d'amour est ici marquée par l'énoncé lui-même.

En fait, du point de vue logico-sémantique, seul pertinent, l'antithèse est bien une contradiction, mais de degré faible. Pour la mettre en lumière, il faut ici attaquer non plus le prédicat mais la copule et la soumettre à son tour au modèle oppositionnel à trois termes.

La logique ne connaît qu'une seule copule : *être*, par laquelle l'attribut est désigné comme prédicat du sujet en son entier. La copule « est », pourrait-on dire, ne fait pas le détail. Elle prend le sujet en gros, globalement, comme un tout indivisible. S est P ou bien n'est pas P, sans intermédiaire. « Être ou n'être pas » c'est bien en effet la question, au sein tout au moins de l'opposition binaire qui engage le verbe être et qui constitue cette dyade antique du même et de l'autre qui partagea la philosophie à son aurore.

Or la langue connaît, à côté de « être », une autre copule, qui est « avoir ». Dans son acception courante actuelle « avoir » désigne le rapport de propriété mais ce sens est lui-même dérivé d'un sens plus profond ou avoir, c'est être partiellement. « La chose possédée, dit Aristote, dans la *Politique*, est comme la partie à l'égard du tout. » Effectivement, « avoir » impose une analyse du sujet en parties dont une seule est touchée par le prédicat. Dire que « Jeanne à une belle tête » signifie qu'elle est partiellement belle. Sans doute, « avoir » ne fonctionne pas syntaxiquement sur le modèle de « être », mais comme verbe transitif qui demande un complément substantif. La phrase s'analyse donc en :

« Jeanne a une tête »
« Cette tête est belle »

où « avoir » semble désigner seulement le rapport du tout à la partie. Mais par cette médiation, c'est bien d'une prédication partielle qu'il s'agit ici. On peut donc considérer le verbe « avoir » comme une copule faible, par opposition à « être », copule forte, et nous les symboliserons par C et c :

$$S \text{ est } P = SCP$$
$$S \text{ a } P \ = ScP$$

C'est cette position intermédiaire qui fait que l'on passe si facilement d'une copule à l'autre. Ainsi le français dit aussi bien « avoir un rhume » qu' « être enrhumé » et ce qu'il exprime comme « avoir faim », l'anglais le traduit par *to be hungry*. De la même manière, sautant d'une copule à l'autre, le poète passe sans transition de l'antithèse à l'oxymore, ainsi Hugo dans les *Contemplations* :

> *Oui, mon malheur irréparable*
> *C'est de prendre aux deux éléments,*
> *C'est d'avoir en moi, misérable,*
> *De la fange et du firmament,*
> *...*
> *D'être un ciel et un tombeau.*

Par quoi s'affirme la parenté de deux figures distinctes seulement par le degré de copule, l'opposition bien/mal étant rapportée au sujet la première fois sous la forme de l'avoir, la seconde sous la forme de l'être.

La distinction des deux copules peut résoudre le problème posé par Chomsky à propos d'un énoncé tel que « ce drapeau est blanc et noir », dont on ne peut inférer « ce drapeau est blanc », alors que de « cet homme est grand et mince » on peut déduire « cet homme est grand [1] ». Reprenant le problème, O. Ducrot

1. « Syntaxe, logique et sémantique », *Langages* II, 1966.

suggère trois solutions : « S'agit-il d'homonymie et y a-t-il en français deux *et* ? Ou bien les deux énoncés ont-ils des constructions grammaticales différentes susceptibles d'être décrites au niveau de l'analyse syntaxique ? Ou encore doit-on faire intervenir le fait que *blanc* et *bleu* sont des adjectifs de couleur, et admettre que la langue française possède une catégorie " adjectif de couleur [1] " ? » En fait, la distinction des copules semble mieux capable de résoudre le problème. Si l'on ne peut dire du drapeau blanc et noir qu'il *est* blanc, c'est parce que la formule implique que le drapeau est tout entier blanc alors qu'il ne l'est que partiellement. L'emploi de « est » constitue donc ici une figure, une sorte de catachrèse pour une copule faible qui n'existe pas en français et qu' « avoir » remplace par une construction du type : ce drapeau a une partie blanche. L'expression prend donc la forme d'un oxymore alors qu'en fait elle est une antithèse, puisqu'elle attribue deux prédicats opposés à deux parties différentes d'un même sujet. L'antithèse est représentée alors par la formule :

$$S \ c \ A.Z$$

ce qui la constitue comme forme faible de l'oxymore :

$$S \ C \ A.Z$$

Dira-t-on qu'un drapeau blanc et noir n'implique nulle contradiction, à quelque degré que ce soit ? La question est de grande portée. Pour y répondre, il nous faut faire un détour sur le terrain de l'expérience non linguistique et à ce niveau distinguer deux points de vue, ontologique et phénoménologique.

Du point de vue ontologique d'abord, il faut opposer

1. *La Linguistique*. Publié sous la direction d'André Martinet, Denoël, 1969, p. 239.

totalités additives ou mécaniques, qui sont des pseudo-
unités, et totalités organiques qui sont des unités vraies.
Le drapeau appartient à la première catégorie et c'est
pourquoi sa qualification oppositive n'a rien d'anormal.
A la limite, on peut dire qu'un drapeau, comme tel,
n'existe pas si, comme le veut Leibniz, ce qui fait un *être*,
c'est qu'il est *un* être. Mais transportons-nous à l'autre
bout de la chaîne, au niveau des totalités organiques
vraies, soit, par exemple, l'être humain. Comment nier
l'aspect anormal révélé par le caractère, comique ou
tragique, de ces contradictions vivantes que constituent,
par exemple, une femme dont la tête serait celle d'une
déesse et le corps celui d'un monstre, ou encore d'un
être à l'âme d'ange et au corps de bête : telle la « bête »
du conte populaire *la Belle et la Bête*, repris sous ce
même titre antithétique par Cocteau, et transposé par
Hugo dans le personnage de Quasimodo? Mais passons
sur le plan phénoménologique, seul pertinent linguistiquement, s'il est vrai comme le dit A. Martinet que
« parler, c'est communiquer l'expérience ». L'expérience, en effet, qui s'analyse dans la langue et s'exprime
dans le discours ordinaire, c'est celle de ce réseau
d'apparences à la fois stables et collectives que nous
appelons « le monde ». Et à ce niveau l'opposition
unité vraie/unité fausse s'efface au profit de la dualité
phénoménale forme forte/forme faible dégagée par la
Gestalttheorie.

Les formes fortes ou « bonnes formes » sont issues
de la convergence des différents facteurs d'organisation
du champ perceptif, dont les deux principaux sont
la proximité et la ressemblance. Des éléments du
champ perceptif qui sont relativement proches et
semblables s'organisent en unités fortes. Inversement si
proximité et ressemblance diminuent, la forme se
fragmente en unités distinctes. Considérons alors le
cas d'une proximité maximale et d'une ressemblance

minimale : on a l'équivalent phénoménal de l'antithèse : une forme à la fois une et multiple, à demi-contradictoire, où les facteurs d'organisation entrent en conflit. Ainsi en est-il du couple antithétique, le grand-gros avec le petit-maigre, dont le cinéma à ses débuts a largement exploité les ressources comiques. Ainsi en va-t-il du ciel noir et de la terre blanche de Gautier.

Il est vrai que, comme le remarque Morier, il y a là exagération. Le ciel était sans doute gris et ce vers est fait d'une double hyperbole dont la conjonction fait l'antithèse. Exagération dont Pascal dénonçait l'artifice. Car la nature que décrit le discours est rarement antithétique. Non qu'elle ignore les contraires. Toute qualité, nous l'avons vu, est organisée en couple antinomique. Mais, tout est là, ces contraires, la nature prend soin de les séparer. Elle ménage les transitions, dans l'ordre spatial comme dans l'ordre temporel. Entre la jeunesse et la vieillesse, il y a l'âge mûr, entre les régions froides et les régions chaudes, il y a les zones tempérées. Mieux encore, si nous considérons ces unités faites du rassemblement d'unités relativement homogènes que sont les groupes sociaux, on voit alors que non seulement entre les extrêmes s'intercale un terme moyen mais encore qu'il est, dans la plupart des cas, largement majoritaire. Tel est le sens de la courbe de Gauss. Elle nous signifie que, dans ses tendances générales, la nature est « centriste » ou « neutraliste ». C'est-à-dire prosaïque. Car la poésie, c'est l'intensité, ce que le langage produit en polarisant le signifié par élimination du terme neutre. Ici se trouve la racine de l'antinomie que Kierkegaard dressait entre éthique et esthétique. La raison fuit toute extrémité, la poésie la recherche. La poésie est quête d'intensité et les différentes figures que nous venons d'analyser sont autant de moyens que le langage sait mettre en œuvre pour la produire.

Par opposition à l'antithèse, on peut considérer comme normal l'énoncé du type Sc A.N qui unit par une copule faible un terme polaire et le terme neutre. Normal parce qu'il exprime l'unité dans la diversité, seul type d'unité que connaisse l'expérience, toute unité absolue étant le fruit de l'abstraction. On a donc deux formes normales d'énoncés applicables à deux champs différents de l'exprimable : d'une part l'abstrait notionnel S C A, d'autre part le concret empirique S c A.N. A ce dernier type appartiennent des énoncés — qui ne sont nullement usuels — tels que « une femme à belle tête et à corps moyen », ou encore « de beau physique et d'âme médiocre ». Formes exténuées de la contradiction, qui touchent à la limite, si l'on veut graduer les différences, à la non-contradiction pure et simple. La médiocrité dont Aristote fait vertu est l'anti-valeur de la poésie. Et c'est pourquoi Hugo avait raison de fonder le drame sur l'antithèse, si par drame il faut entendre la poéticité du récit.

Encore l'antithèse n'est-elle qu'à l'origine du drame, au commencement du récit. A la fin est le terme polaire tout seul, dans son absoluité. Le drame n'est pas l'union des contraires mais la suppression de la contra-riété, par transformation ou destruction de l'un des termes antithétiques. Ainsi dans *la Belle et la Bête*, l'antinomie se résout en *happy end* par transformation — magique — du terme négatif : parce que la belle l'a aimée quand même, la bête devient belle à son tour. Dans *Notre-Dame de Paris*, c'est l'inverse : le terme positif est détruit et l'image finale de deux squelettes enlacés symbolise l'unité réalisée du couple d'amour, par la mort et du beau corps de l'une et de la belle âme de l'autre.

On peut maintenant résumer l'ensemble de la forma-lisation des figures examinées ici dans le tableau sui-vant :

FORMULE	TYPE
S C A . non-A	contradiction
S C A . Z	oxymore
S c A . Z	antithèse
S → A . non-A	impertinence
S → A . Z	antiphrase
S → A . A⁺	hyperbole
S → A . A⁻	litote

Ces figures ne constituent qu'un sous-ensemble très réduit de l'inventaire rhétorique classique. Mais on a le droit de penser que beaucoup d'autres, enregistrées sous des noms différents, n'en sont que des variantes. On a montré ici que la « gradation » n'est qu'une forme d'hyperbole. Bien d'autres formes se ramènent à l'impertinence. Et c'est paradoxalement le cas d'une réplique que Dumarsais cite précisément comme exemple d'une « pensée exprimée sans figure » (p. 12). Il s'agit du *Qu'il mourût* du vieil Horace. Fontanier objecte qu'il y a là ellipse pour *J'aurais voulu qu'il mourût*. Mais ce n'est pas assez dire. L'énoncé est en effet une réponse à la question : *Que vouliez-vous qu'il fît contre trois?* Et c'est là que l'impertinence apparaît. Car « mourir » n'est pas un « faire ». Les deux termes relèvent de deux classèmes opposés activité/ passivité et l'on retrouve la contradiction par présupposition qui définit l'impertinence; avec cette seule différence grammaticale qu'elle surgit ici entre un verbe et son complément. La forme normalisée serait *Qu'il se fît tuer*, énoncé dont la substance du contenu est la même mais dont la forme est différente. Et c'est à ce niveau sémantique formel, dans cette « forme du sens » pour reprendre l'expression de Valéry, que la poéticité trouve sa pertinence.

Dumarsais donne encore cet exemple d'expression sans figure. Je le cite : « Dans une autre tragédie de Corneille, Prusias dit qu'en une occasion dont il s'agit,

il veut se conduire en père, en mari. Ne soyez ni l'un
ni l'autre, lui dit Nicomède.

— Prusias : Et que dois-je être?

— Nicomède : Roi.

Il n'y a point là de figure et il y a cependant beaucoup
de sublime dans ce seul mot » *(ibid.)*.

Sublime, d'accord. Mais pas de figure? Dumarsais
est-il aveugle? Comment ne voit-il pas que la réponse
de Nicomède présuppose une incompatibilité entre
les lexèmes « roi » d'une part, « mari » et « père »
d'autre part, incompatibilité qui précisément n'existe
pas? On a ici une sorte d'inverse de la contradiction
qui est contradiction encore. Au lieu de confondre
des termes disjonctifs, cette figure disjoint des termes
conjonctifs. Comme telle, elle constitue une figure
originale, qui mériterait une dénomination propre,
mais qui reste, dans sa structure profonde, fidèle au
modèle d'alogicité ici proposé.

*

Tous les écarts examinés ici sont constitués à partir
de relations entre les termes du discours. Elles constituent la classe des figures de l'énoncé, classe qui est
loin d'épuiser l'ensemble des figures actuelles ou
possibles. Nous avons parlé plus haut d'une logique
de la communication qu'il faudra construire un jour
mais qu'il n'est pas question d'engager ici. Je voudrais
seulement fournir quelques indications révélatrices
de la richesse d'un champ rhétorique encore inexploré.

Considérons cette figure — d'usage — qui consiste
à dire *Pierre, pour ne pas le nommer*. Ici, la contradiction
éclate. Le locuteur nomme celui qu'il déclare ne pas
nommer. Mais elle joue entre deux niveaux différents,
d'une part le langage-objet, « Pierre », d'autre part le
métalangage « pour ne pas le nommer », qui renvoie

de l'énoncé à l'énonciation. Or un mécanisme identique, quoique plus subtil, rend compte d'un procédé apparemment innocent : la « correction », définie comme « une figure par laquelle on rétracte ce que l'on vient de dire à dessein » (Fontanier, p. 367). Ainsi, *Ose applaudir, que dis-je, ose appuyer l'erreur* (J. B. Rousseau). Or si la correction n'est pas une anomalie dans le discours oral, elle en est une dans le discours écrit. Dans le premier cas en effet, les termes substitués s'inscrivent normalement dans la chaîne l'une après l'autre. Dans l'écriture au contraire, le terme corrigé est normalement absent ou biffé. Il y a ici encore contradiction entre l'énonciation qui affirme substituer un terme à l'autre et l'énoncé qui les présente tous deux sans substitution.

Le paradoxe chez Fontanier est que tantôt il signale l'écart, tantôt il le passe sous silence. Il ne dit pas que « la correction » est anormale, mais explicite et souligne l'anomalie de « l'interrogation ». « Il ne faut pas la confondre — nous dit-il — avec l'interrogation proprement dite... par laquelle on cherche à s'instruire ou à s'assurer d'une chose » (p. 368). La première est figure parce que le locuteur pose une question dont il est supposé connaître la réponse et qu'en fait il affirme en interrogeant. Il y a donc bien là une « fausse interrogation » comme le dit G. Genette, dans sa préface aux *Figures du discours*. Mais dès lors ne pourrait-on pas expliciter et formaliser cette norme de la communication qui régit le discours interrogatif? Appelons le savoir S, le non-savoir non-S, E l'émetteur, R le récepteur. La règle de l'interrogation serait que l'émetteur ne sait pas, alors que le récepteur sait. Inversement, l'assertion présuppose que l'émetteur sait et que le récepteur ne sait pas. On aurait donc :

Assertion : $E(S) + R(\text{non-}S)$
Interrogation : $E(\text{non-}S) + R(S)$

Le calcul montre alors qu'il est deux figures interrogatives possibles : la première, si E est supposé savoir, la seconde si E est supposé ne pas savoir. L'assertion nous donnerait symétriquement deux figures dont la seconde, où le récepteur est supposé savoir, couvrirait l'ensemble des figures de redondance : répétition, pléonasme, etc. Mais arrêtons ici ces quelques suggestions concernant un code de la communication qui reste à construire.

Un tel modèle présuppose lui-même une certaine fonctionnalité de la communication, qui est d'assurer la circulation de l'information, au sens que donne au mot « information » la théorie du même nom. C'est par rapport à un tel modèle que la communication poétique se constitue comme écart. Parce qu'elle n'a pas la même fonction et que chaque fonction implique une certaine structure, la poésie apparaît comme déstructuration au regard seulement d'une structure déterminée liée à une fonction spécifique. Dès lors qu'il s'agit d'assurer la fonction poétique, la poésie ne se présente plus comme anormale. Elle a ses propres normes, sa propre logique si l'on peut dire, dont les règles, si elles existent, sont à découvrir. C'est l'objet d'une seconde poétique, positive celle-là, que de retrouver l'intelligibilité que l'anomalie a fait perdre au discours.

Cette tâche a été engagée par la rhétorique classique sous le nom de tropologie. Mais à partir d'une erreur séculaire et fondamentale sur la nature des tropes. Elle n'a pas vu en effet que la dichotomie qu'elle établissait entre tropes et non-tropes n'était pas homogène et reposait en fait sur l'articulation perpendiculaire des deux axes opposés du langage. J'ai essayé, dans le dernier chapitre de *Structure du langage poétique*, de redresser cette erreur d'optique, mais en liant ce redressement à une théorie dualiste du signifié qui, en fait,

en est complètement indépendante. Il faut donc reprendre l'étude de la tropologie pour elle-même, afin de
donner sa totale cohérence interne à la théorie de la
figure ici proposée. C'est là une tâche dont nous allons
maintenant essayer d'esquisser les principes fondamentaux.

C'est à l'élocution que s'est attachée la grande
rhétorique française des siècles classiques, celle qu'illus-
trèrent en particulier les noms de Dumarsais et Fontanier. Par *elocutio*, ils entendaient ce que Saussure a
depuis appelé « parole » et que l'on tend à nommer
aujourd'hui « discours ». Et c'est d'ailleurs sous le
nom de *Figures du discours* que Fontanier souhaitait
voir un jour réunis ses deux grands ouvrages le *Manuel
classique pour l'étude des tropes* (1821) et le *Traité
général des figures du discours autres que les tropes*
(1827) [1].

Or, c'est sur cette distinction — aussi fondamentale
que traditionnelle — des figures de rhétorique en
« tropes » et « non-tropes » que la présente analyse
voudrait revenir. Non que la rhétorique ait eu tort de
distinguer. Bien au contraire, on lui reprochera ici
de n'avoir pas compris qu'il s'agissait d'une distinction
de nature. Erreur de perspective qui s'est prolongée
des origines de la science des figures jusqu'à nos jours
et qui est peut-être en partie responsable de l'éclipse
subie par la rhétorique depuis près de deux siècles.

Bien des problèmes théoriques que se posent les
hommes sont résolus par prétérition, c'est-à-dire en
cessant tout simplement de les poser. Mais ceci ne
veut nullement dire que ces problèmes ne se posaient
pas. On sait qu'il a fallu deux millénaires pour que les

---

1. Vœu à la réalisation duquel j'ai pu, avec Gérard Genette, contri-
buer en faisant publier sous ce titre l'œuvre de Fontanier (coll. « Science », Flammarion, 1968).

logiciens modernes découvrent la profondeur et la
pertinence des problèmes de la logique antique. La
rhétorique, de même, en cherchant à dégager les structures du discours littéraire comme ensemble de formes
vides, s'était engagée sur la voie du formalisme que la
recherche découvre aujourd'hui. Et ce n'est pas de sa
faute si la brusque irruption du substantialisme et de
l'historicisme, c'est-à-dire du double privilège accordé
au contenu et à la causalité linéaire, a, pour deux
siècles, fermé la voie royale qu'elle avait su ouvrir. La
rhétorique reste coupable, cependant, après l'admirable
travail analytique et taxinomique qui fut le sien, de
n'avoir pas su dégager la structure — je veux dire :
l'organisation interne — de ce qu'elle appelait figure.
Il est vrai qu'elle ne disposait pas des instruments
d'analyse linguistiques qui sont les nôtres aujourd'hui.
La distinction, en particulier, des deux axes du langage,
syntagmatique et paradigmatique, lui était inconnue.
Et c'est pourquoi sans doute, comme nous allons
essayer de le montrer, elle n'a pas su discerner la place
et la fonction du trope à l'intérieur du mécanisme
rhétorique.

   La figure est traditionnellement définie par la rhétorique comme écart par rapport à l'usage. Dumarsais
le rappelle dès le début de son célèbre traité *Des Tropes :*
« On dit communément que les figures sont des manières
de parler éloignées de celles qui sont naturelles et ordinaires; que ce sont des certains tours et de certaines
façons de s'exprimer qui s'éloignent en quelque chose
de la manière commune et simple de parler » (p. 2).
Et parmi ces « manières de parler », il en est qui touchent
le sens, et qui sont les tropes. Toutes les autres, qui ne
concernent pas le sens, on les appellera, faute d'un
autre trait commun que ce caractère négatif, « non-
tropes ». La tropologie est donc la partie proprement

sémantique de la théorie des figures, et, pour Dumarsais, elle n'est rien d'autre qu'une étude des phénomènes de polysémie, c'est-à-dire des types de rapports qui existent entre les signifiés divers d'un même signifiant. Ici la doctrine est à peu près constante et varie peu d'un auteur à l'autre. L'inventaire des rapports et des figures correspondantes est à peu près celui-ci :

FIGURE	=	RAPPORT
Métaphore	=	Ressemblance
Métonymie	=	Contiguïté
Synecdoque	=	Partie-Tout
Ironie	=	Contrariété
Hyperbole	=	Plus pour Moins
Litote	=	Moins pour Plus.

Mais là n'est pas l'important. Ce qui est fondamental, c'est qu'il existe entre les deux signifiés une opposition hiérarchique que traduit la dénomination traditionnelle de « sens propre » et de « sens figuré ». Il est vrai que pour Dumarsais cette opposition n'a de sens que diachronique, le sens propre étant le signifié « primitif » ou « étymologique », c'est-à-dire celui qu'ont donné au terme ceux-là mêmes qui l'ont créé et premièrement utilisé. Ainsi « feuille » dans « feuille de papier » est figuré puisque le terme a primitivement désigné « la feuille de l'arbre ». Dumarsais rejette donc formellement le critère de l'usualité, comme on le voit dans cet exemple où le sens dit figuré est tout aussi usuel que l'autre. On comprend du même coup que la tropologie n'appartienne plus pour lui à la rhétorique mais à la « Grammaire » et aussi qu'il ait pu écrire sa célèbre phrase : « Je suis persuadé qu'il se fait plus de figures en un jour... » Reste à demander à Dumarsais pourquoi, dans ces conditions, il accorde aux tropes un effet particulier. Ils rendent, nous dit-il, les paroles

« ou plus vives, ou plus nobles, ou plus agréables »
(p. 13). Est-ce le cas de « feuille de papier »? Certainement non. Il faut donc croire que dans ce cas il ne s'agit
pas réellement d'un trope et que la définition de Dumarsais n'est pas la bonne. C'est ce que ne manque pas
d'objecter Fontanier. « Comment pourraient se conci-
lier, avec un tel usage, cette force, cette beauté qui les
distinguent, cet heureux effet qui les suit...? » (p. 65).

Aussi bien, Fontanier adopte-t-il, quant à lui, un
critère résolument synchronique. Saussurien avant
l'heure, il sait que le point de vue historique n'est pas
linguistiquement pertinent et qu'il importe peu à
l'usager de savoir si le sens qu'il donne au mot est
primitif ou dérivé. « Ou les mots sont pris dans un
sens propre quelconque, c'est-à-dire dans une de leurs
significations habituelles et ordinaires, primitives ou
non; ou ils sont pris dans un sens détourné, c'est-à-dire
dans une signification qu'on leur prête pour le moment
et qui n'est que de pur emprunt » (p. 66). Dans le
second cas seulement, il y a trope. Le critère est donc
l'usage, c'est-à-dire la fréquence d'emploi dans un état
de langue donné. Dès qu'un sens tombe dans l'usage,
il perd par là même sa qualité de figure. Fontanier
est ici formel. Dans son commentaire des *Tropes* de
Dumarsais, il écrit : « On pourrait prouver par mille
exemples que les figures les plus hardies dans le principe
cessent d'être regardées comme figures lorsqu'elles sont
devenues tout à fait communes et usuelles » (p. 6).

G. Genette a pourtant contesté ce critère [1]. Fontanier,
inconséquent avec lui-même, aurait, en fait, substitué
à l'opposition usuel/non-usuel une autre, plus pertinente, qui serait nécessité/liberté. A l'appui de cette
interprétation on pourrait, semble-t-il, citer certains
textes. Par exemple : « Il résulte de notre définition

---

1. Préface aux *Figures du discours*, p. 10-11.

que les figures, *quelque communes et quelque familières
que les aient rendues l'habitude,* ne peuvent mériter et
conserver ce titre qu'autant qu'elles sont d'un usage
libre, et qu'elles ne sont pas en quelque sorte imposées
par la langue » (p. 64). Les mots que nous avons sou-
lignés semblent en effet prouver que la figure peut rester
telle, même si elle est, selon les propres termes de l'auteur, « commune et familière ». D'autre part, Fontanier
adopte la distinction établie par l'abbé de Radonvilliers
entre « figures d'usage ou de la langue », et « figures
d'invention ou de l'écrivain ». Comment peut-on définir la figure comme le non-usuel et admettre en même
temps l'existence de « figures d'usage »? N'y a-t-il pas
là contradiction dans les termes?

En fait, en bon linguiste, Fontaniers ait qu'il existe
des degrés dans l'usage. La fréquence d'emploi est une
variable susceptible de plus ou de moins. Il est parmi les
synonymes des termes moins usuels que les autres, qui ne
sont utilisés que par des sous-groupes ou dans certaines
situations. Tels sont les « jargons » ou « argots ». Et de
même, il est pour les mêmes signifiants des signifiés qui
sont moins usuels que d'autres. Tels sont les tropes
d'usage. « Renard » signifie l'animal dans la grande majorité des énoncés-occ urrences. C'est là son sens propre.
« Rusé » est moins usuel, mais il l'est encore. C'est
donc une figure d'usage, enregistrée de ce fait dans le
dictionnaire en tant que « sens figuré ». Au contraire
les tropes d'invention « restent toujours une sorte de
propriété particulière, la propriété particulière de l'auteur : on ne peut donc pas s'en servir comme de son
bien propre ou comme d'un bien commun à tous, mais
seulement sans doute à titre d'emprunt ou de citation »
(p. 188).

Quant à l'opposition de ce qui est libre et de ce qui
est nécessaire, l'auteur ne l'applique qu'à la « catachrèse », c'est-à-dire aux termes dont le sens figuré est

le seul sens disponible dans un contexte donné. Ainsi
« ailes du moulin ». L'usager a bien conscience d'un
détour de sens, mais qui est ici non seulement usuel mais
seul utilisable. Du même coup la figure s'annule en tant
que telle. On est au degré zéro de l'écart. (Ce sont les
« images mortes » dont parle Bally.) Les figures d'usage,
au contraire, constituent l'écart de premier degré.
Elles forment une sorte de sous-langue à l'intérieur
de la langue et c'est de ce point de vue que le locuteur
a le choix, pour exprimer un même signifié, entre deux
signifiants, dont l'un, n'ayant pas ce signifié pour sens
propre, apparaîtra donc comme écart. A l'étude de
ce sous-code constitué par les figures d'usage, nous
proposerons de donner le nom de « stylistique » en
réservant le nom de « poétique » pour les figures d'invention, qui ont, elles, le degré maximal d'écart,
puisque par définition elles ne sont utilisées qu'une
fois, la rhétorique couvrant, quant à elle, l'ensemble
des figures.

Enfin Fontanier inscrit à l'intérieur même des figures
d'invention une distinction qui, cette fois, n'est plus
l'écart à l'usage, mais écart par rapport à ce qu'il
appelle « certaines règles impérieusement prescrites
par la raison ». Barry déjà avait opposé les métaphores « proches » aux métaphores « éloignées » selon un
critère de distance entre les deux sens qui reste aujour-
d'hui exploitable. Ainsi le rapport de ressemblance
entre deux signifiés peut varier selon plusieurs critères.
Selon le nombre de sèmes qu'ils ont en commun ou
selon la position — dominante ou non, extrinsèque
ou intrinsèque — du sème différentiel. Toute une typo-
logie des tropes pourrait être ainsi établie à partir de
tels critères. Mais tel n'est pas notre propos. On remar-
quera seulement que s'introduit un troisième degré de
l'écart selon la distance qui sépare les signifiés substi-
tutifs. Et si Fontanier, en bon classique, proscrit les

tropes « éloignés », la poésie moderne en a fait au
contraire sa norme. C'est Reverdy qui disait : « Le
propre de l'image forte est d'être issue d'un rapprochement spontané de deux réalités très distantes » et Breton, passant à la limite : « Pour moi, l'image la plus
forte est celle qui présente le degré d'arbitraire le plus
élevé. »

Mais il reste de Fontanier cette idée — qui est fondamentale — de degré d'écart, d'une variation ordi-
nale de la figuralité elle-même : idée qui est tout entière
contenue dans sa définition liminaire des figures comme
formes par lesquelles « le discours s'éloigne *plus ou
moins* de ce qui en eût été l'expression simple et commune » (p. 64).

Ainsi peut-on assigner un rang à chaque type de
figure, un degré dans l'échelle de l'écart, et l'ensemble
de la tropologie de Fontanier peut être résumé dans
le tableau suivant :

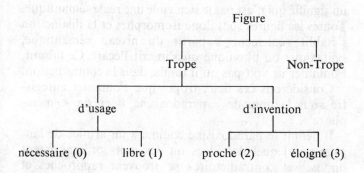

où les chiffres de la suite terminale représentent le
degré d'écart de chaque figure, à partir du degré zéro
où elle s'annule comme telle jusqu'au degré 3 où s'inscrivent virtuellement les figures de la modernité poétique.

On voit à quel point cette tropologie est plus complexe que celle de Dumarsais, lequel se contente d'une simple dichotomie entre sens propre et sens figuré, fondée elle-même sur un critère étymologique dont on ne saurait aujourd'hui admettre la pertinence. Malgré ses déficiences et ses lacunes ce tableau est actuellement encore utilisable. Avec une réserve toutefois, mais qui est de taille, puisqu'elle touche à son articulation première, c'est-à-dire à l'opposition des tropes et des non-tropes.

Entre les deux types de figures, Fontanier, en accord avec l'ensemble des rhétoriciens anciens ou modernes, établit une distinction horizontale. Toutes les figures sont pour lui des écarts, dont les uns touchent le sens, d'autres la syntaxe, d'autres encore la forme sonore. L'inversion qui place le prédicat avant le sujet viole une règle syntaxique, comme le trope qui donne au mot un signifié qui n'est pas le sien viole une règle sémantique. Toutes les figures sont donc isomorphes et la distinction s'établit seulement à partir du niveau sémantique, syntaxique ou phonique où s'inscrit l'écart. Ce faisant, Fontanier ne voit pas qu'il tombe dans la contradiction.

Considérons ces deux tropes que Fontanier enregistre sous le nom de « paradoxisme » et de « métaphore ».

Il définit le paradoxisme comme « un artifice de langage par lequel des idées ou des mots ordinairement opposés et contradictoires se trouvent rapprochés et combinés entre eux » et en donne pour exemple ce vers d'*Athalie* : *Pour réparer des ans l'irréparable outrage.* La métaphore consiste, quant à elle, à « présenter une idée sous le signe d'une autre idée... qui ne tient à la première par aucun autre lien que celui d'une certaine conformité ou analogie ». Et par exemple : *Gourmander*

sans relâche un terrain paresseux, où « gourmander »
signifie non plus /réprimander/ mais /cultiver/. Dans
les deux cas, il y a donc bien écart, mais comment Fontanier ne voit-il pas que ces deux écarts, tels qu'il les
définit, sont radicalement hétérogènes? Ils ne se situent
pas, en effet, sur le même axe linguistique.

Le paradoxisme est une contradiction. Il viole une
règle d'incompatibilité combinatoire qui n'existe qu'au
plan syntagmatique, entre des termes donnés dans
l'énoncé : « réparer » et « irréparable ». L'écart existe
in praesentia pour reprendre la terminologie saussurienne.
C'est au contraire *in absentia* que s'établit la différence
entre /réprimander/ et / cultiver/ qui consistue la métaphore. Elle n'existe qu'au plan paradigmatique, entre
des signifiés virtuels dont un seul par définition est
susceptible d'actualisation. Si par « trope », il faut entendre l'écart de type paradigmatique, alors le paradoxisme n'est pas un trope. La contradiction n'est
pas un changement de sens, mais une incompatibilité
de sens. Comment expliquer alors la confusion?

En fait, il suffit d'y réfléchir une minute pour aperce-
voir que les deux axes sont tous deux présents dans
toutes les figures, qu'elles sont faites également de deux
anomalies, mais dont l'une a pour effet de corriger
l'autre. Et ce qui le prouve, c'est que, commentant son
paradoxisme, Fontanier, en fait, superpose les deux
types d'anomalie : « *Réparer* pour *tâcher de réparer*
ou *réparer en apparence* : voilà ce qu'on entend tout de
suite, et ce qui fait que *réparer* et *irréparable* non seulement ne jurent point mais s'accordent à merveille. »
Ce qui est décrit ici, c'est un mécanisme en deux temps :

1. contradiction entre « réparer et « irréparable »;
2. substitution de /réparer en apparence/ à /réparer/,
qui lève la contradiction.

Seul ce mécanisme répond à une question très simple,
et que pourtant Fontanier ne se pose jamais : pourquoi

le trope, pourquoi le changement de sens? Si / réparer / est le sens propre de « réparer », pourquoi le récepteur le refuse-t-il pour lui en substituer un autre qui n'est pas le sien? Dans le cas du paradoxisme, la réponse est donnée : parce que, avec le sens propre, l'énoncé est contradictoire, parce que ces deux termes /réparer/ et /irréparable/ « jurent ensemble » tandis qu'au contraire, avec le changement de sens, les termes « s'accordent à merveille ».

Mais passons à la métaphore. Comment ne pas voir le total isomorphisme des deux figures? La même question se pose ici en effet. Fontanier admet une hiérarchie entre sens propre et sens figuré. Le sens propre est le sens usuel, qui est enregistré comme tel, dans les dictionnaires, celui qui doit venir normalement en premier à l'esprit du récepteur. Alors pourquoi le refuse-t-il, pourquoi le remplace-t-il par un autre? Passe encore pour les figures d'usage, où le sens figuré, quoique second, reste usuel et par conséquent disponible. Mais dans le cas présent, qui relève de la figure d'invention, /cultiver/ n'est pas, n'a jamais été le sens de « gourmander ». Pourquoi alors donner à ce signifiant un signifié qui n'a jamais été le sien? De toute évidence parce qu'avec ce sens s'institue une incompatibilité contextuelle. Exactement comme dans le cas du paradoxisme : /réprimander/ et /terrain/ jurent ensemble, comme /réparer/ et /irréparable/. Avec cette différence qu'il n'y a pas ici contradiction manifeste. Mais l'anomalie sémantique n'en existe pas moins et l'on peut montrer qu'elle recouvre en fait une contradiction mais qui s'établit à un niveau plus profond. /Réprimander/ relève en effet de la catégorie de « l'animé » tandis que /terrain/ implique « l'inanimé » [1]. La contradiction

---

1. « Gourmander » peut être défini comme : verbe transitif + objet animé, ce que manifeste la forme interrogative : « Qui (et non que) Pierre gourmande-t-il? »

existe entre des sèmes que les termes ne posent pas mais présupposent. La contradiction est moins forte, elle n'en est pas moins réelle. De « réparer l'irréparable », Fontanier nous dit qu'une telle phrase « ne saurait sans absurdité être prise à la lettre »; mais n'en est-il pas de même de « gourmander un terrain » ? Pourrait-on sans absurdité prendre ces termes à la lettre ? La relative faiblesse de la contradiction explique qu'elle ait pu passer inaperçue. L'attention de l'analyste s'est portée dans ce cas sur le second temps du processus, le changement de sens, alors que dans le cas du paradoxisme la contradiction est si flagrante qu'elle n'a pu échapper à l'observateur, lequel du même coup a défini la figure par elle. Mais les deux figures étant isomorphes et présentant toutes deux en ce premier temps une anomalie syntagmatique du même type (incompatibilité combinatoire) elles ne doivent, sous aucun titre, rentrer dans la catégorie des tropes. Ce nom de trope privilégie en effet, dans la figure, un second temps, qui est essentiel, puisqu'il est le but même de la figure, mais qui reste second puisqu'il ne se produirait pas sans le premier. Toute figure, en fait, comporte un processus de décodage en deux temps, dont le premier est la perception de l'anomalie, et le second sa correction, par exploration du champ paradigmatique où se nouent les rapports de ressemblance, de contiguïté, etc., grâce auxquels sera découvert un signifié susceptible de fournir à l'énoncé une interprétation sémantique acceptable. Si cette interprétation est impossible, l'énoncé sera renvoyé à l'absurde. Ainsi en est-il des énoncés construits à titre d'exemples d'absurdité par les logiciens tels que « Napoléon est un nombre premier ».

La figure présente donc en définitive une organisation bi-axiale, articulée selon deux axes perpendiculaires, l'axe syntagmatique où s'établit l'écart, et l'axe paradigmatique où il s'annule par changement de sens. Ce qui pourrait se représenter par le schéma suivant :

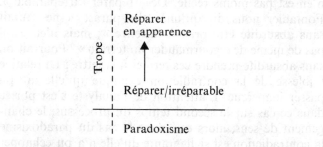

Et l'on voit s'instituer un principe de classification à double entrée, selon le type d'anomalie et selon le type de changement de sens. Il est des paradoxismes qui sont métonymiques, d'autres métaphoriques, comme il est des impertinences métonymiques ou métaphoriques, selon le type de changement qui vient en corriger l'anomalie. Tout se passe, en résumé, comme si les deux axes du langage s'étaient occultés réciproquement. Au niveau sémantique, l'axe paradigmatique des *changements de sens* a masqué l'axe syntagmatique des *incompatibilités de sens*. Si bien que la rhétorique a finalement laissé vide l'étude du champ des « anomalies sémantiques [1] ». L'une des tâches essentielles de la nouvelle rhétorique est justement de combler ce vide, en repérant, nommant et classant les types de violations des contraintes combinatoires immanentes au niveau sémantique du langage, qui constituent ce que l'on connaît sous le nom de « figures ».

A l'égard des « non-tropes », c'est l'inverse qui s'est produit. Le syntagme a caché le paradigme. La rhétorique a analysé comme tel l'écart syntagmatique, mais

1. Cf. T. Todorov, *Langages* I, 1966.

elle a manqué sa réduction paradigmatique. En bref toute figure comporte deux temps. La théorie des tropes a négligé le premier, la théorie des non-tropes a oublié le second. Elle n'a pas vu que tout non-trope implique un trope, parce que tout écart exige sa propre réduction par changement de sens, et que c'est ce jeu inverse et compensatoire des deux anomalies qui constitue l'économie de toute figure.

Voici par exemple « l'interrogation » qui est figure quand une forme interrogative renvoie en fait à un signifié affirmatif. « Qui ne sait? » pour « /Chacun sait/ ». On a donc bien changement de sens, c'est bien d'un trope qu'il s'agit. Pourquoi alors l'appeler nontrope? Et l'inversion? Elle est, nous dit-on, une figure de construction parce qu'elle constitue un écart syntaxique, ce qui est vrai, et un non-trope parce qu'elle ne touche pas au sens, ce qui est faux. Tous les grammairiens admettent qu'une épithète antéposée prend un sens « générique », alors que postposée elle n'a de sens que « spécifique ». « *Une blanche colombe* est une colombe dans laquelle la colombité est blanche : d'où se dégagent les valeurs métaphoriques propres à la colombe (chasteté) et à la blancheur (candeur) », écrit P. Guiraud [1]. N'est-ce pas là un changement de sens? N'y a-t-il pas là — comme le dit explicitement l'auteur — une métaphore? Et le même mécanisme ne peut-il jouer à propos de « figures de diction » comme la rime, où l'anomalie, constituée en un premier temps par l'homophonie de thèmes sémantiquement différents, vient se réduire, en un second temps, par la substitution de « valeurs métaphoriques » qui rendent aux homophonies la parenté sémantique exigée par le principe de parallélisme [2]? Ainsi « sœur », rimant avec « douceur »,

1. *Syntaxe du français*, PUF, 1962, p. 112.
2. Voir *Structure du langage poétique*, Flammarion, p. 224.

dégage une connotation douce qui est absente dans
« Jeanne est la sœur de Pierre ».

Dans tous les cas donc, une même structure de la
figure, une même organisation orthogonale syntagma-
tico-paradigmatique, un même mécanisme avec une
même fonction, seul capable de rendre compte de la
finalité de la figure.

Car ici se pose la question ultime. Pourquoi la figure,
pourquoi l'anomalie? A cette question, la rhétorique
apportait une réponse unanime, dont elle faisait d'ailleurs
un caractère définitionnel de la figure. La fonction du
« langage figuré » est esthétique. La figure apporte
au discours plus de « grâce », de « vivacité », de « no-
blesse », etc., termes également vagues et à peu près
synonymes qui renvoient tous à cette grande fonction
esthétique qui avec « l'enseignement » et « la persua-
sion » constitue la plurifonctionnalité du langage selon
la rhétorique traditionnelle.

Reste alors le problème de l'explication de l'effet
par la structure. L'écart en lui-même ne suffit pas à
rendre compte de la valeur esthétique du discours qu'il
institue. Mais le problème reçoit une solution toute
prête, qui relève d'une esthétique de l'image. Il est un
principe qu'aucun rhétoricien ne met en doute, c'est
le parallélisme des oppositions figuré/propre et concret/
abstrait. Le sens figuré est « concret », c'est-à-dire qu'il
fait « image ». Il donne à « voir » tandis que le sens
propre donne à « penser ». D'où la confusion termi-
nologique qui s'est progressivement établie entre
« trope » et « image » et qui continue d'avoir cours
aujourd'hui. Une théorie de l'histoire de la langue est
ici sous-jacente. Les mots primitivement référés au
sensible évoluent normalement vers l'abstraction. Le
langage rhétorique est un retour aux sources. Toute
figure nous ramène de l'intelligibilité au sensible et la
rhétorique se constitue ainsi comme l'inverse du mou-

vement dialectique ascendant qui va du percept au concept et qui définit la philosophie depuis Socrate. Philosophie et rhétorique s'opposent ainsi symétriquement et constituent ensemble un grand cercle linguistique qui part de et revient à l'imaginaire originel.

Conception qui repose sur une vérité profonde que la poétique intellectualiste moderne semble avoir oubliée. La spécificité fondamentale du langage poétique lui échappe. Elle l'interprète généralement comme spécificité du signifiant, qui renverrait à sa manière à un signifié toujours le même, exprimable aussi bien — sinon mieux — dans le métalangage non poétique de l'exégète ou du critique. Ce faisant, elle pèche par *ignoratio elenchi*. Si en effet le même signifié est exprimable autrement, pourquoi la poésie? Pourquoi le mètre, la rime, l'inversion, le paradoxisme, la répétition, pourquoi toutes les figures? La théorie actuellement en vogue de l'ambiguïté donne à cette question une réponse bien maigre. La pluralité des sens ne satisfait guère qu'au principe d'économie. Si la poésie n'a pour fonction que de ramasser en une phrase ce que la prose pourrait dire en plusieurs, le privilège est mince. Nous ne sommes pas avares de mots au point de ressentir un véritable « enchantement » devant un raccourci. Peut-être faut-il voir dans la théorie qui égale la poéticité à la « richesse » sémantique un écho lointain de l'économisme bourgeois. Peu de signifiants pour une multiplicité — voire une infinité — de signifiés, voilà qui relève du bon placement linguistique.

La transformation qualitative du signifié, c'est bien là le but de toute poésie — et de toute littérature. Sur ce point la rhétorique a vu juste. Mais il reste à se demander si c'est bien de retour à l'image qu'il s'agit. Cette conception se heurte en effet à deux objections :

1. Le sens figuré n'est pas toujours plus « concret » que le sens propre. Ici les exemples abondent. /Réparer

en apparence/ est-ce plus concret que /réparer/, /vais-seau/ est-il un signifié moins abstrait que /voile/?

2. Le sens, fût-il réellement concret, n'induit pas forcément une « image ». Nous ne voudrions pas rouvrir ici le vieux débat de la pensée avec ou sans images. Seulement nous élever contre la confusion qui semble s'établir ici entre signifié et référent. Parce que effectivement le référent de « renard » est concret, c'est-à-dire sensible, tandis que celui de « rusé » ne l'est pas, faut-il en conclure qu'on ne peut comprendre la phrase « cet homme est un renard » sans imaginer effectivement l'animal? Rien n'est moins sûr. Et dans le cas de figures du type *solitude bleue* ou *blanche agonie* (Mallarmé), comment imaginer l'inimaginable?

La question reste donc ouverte. J'ai moi-même adopté ailleurs la théorie de la signification dite « émotionnelle ». Sous ce vocable, emprunté à la terminologie traditionnelle, la théorie prête à contresens. Il faudra la reprendre un jour. Mais quelle que soit la réponse qu'on donne à la question fondamentale de la nature du sens poétique, encore importait-il de montrer que la structure même de la figure oblige à la poser.

Valéry écrivait : « Le poète, sans le savoir, se meut dans un ordre de relations et de transformations *possibles*, dont il ne perçoit ou ne poursuit que les effets momentanés et particuliers qui lui importent dans tel état de son opération intérieure [1]. »

La recherche de cet « ordre de relations et de transformations », c'est bien là l'objet de la rhétorique du discours, dont la poétique moderne a pour tâche de reprendre le cours majestueux, malencontreusement interrompu au XIXe siècle. « Guerre à la rhétorique »

---

1. *Questions de poésie, Œuvres*, Pléiade, tome 1, p. 1290.

s'exclamait Hugo. Il a fallu attendre Mallarmé et Valéry pour que d'authentiques poètes redécouvrent la pertinence de la rhétorique comme science des formes possibles du discours littéraire. Et pourtant le préjugé demeure encore aujourd'hui. La théorie des figures viole les deux principes sacrés de l'esthétique littéraire actuellement répandue. L'unicité de l'œuvre d'une part, son unité ou totalité de l'autre. En faisant des figures des sortes d'universaux linguistiques transposables d'un poème ou d'un poète à l'autre, elle nie ce qui fait la spécificité de l'art littéraire, son caractère unique, son individualité essentielle. « Chaque diamant est unique et ne ressemble qu'à lui-même », dit un proverbe hindou, ignorant de la chimie. En prélevant d'autre part des segments du discours, en l'analysant en formes sans doute liées et interagissantes mais tout de même séparables, on nie cette unité totale, cette compacité sans fissures qui fait de l'œuvre une totalité close sur elle-même. Et à l'horizon de la poétique structurale s'élève le spectre redoutable de la machine, de la production automatique des poèmes à partir d'une table de figures sur cartes perforées. Mais rassurons-nous. Il reste au génie et à l'inspiration à mettre en œuvre ces formes seulement possibles et ensuite à les remplir d'un contenu à la fois original et poétiquement vrai. Ce n'est pas chose facile. Que ceux qui en doutent s'y essaient.

Geoffrey Hartman

La voix de la navette

Ou le langage considéré du point de vue
de la littérature *

Aristote cite dans sa *Poétique* (XVI, 4) une expression frappante tirée d'une pièce aujourd'hui perdue de Sophocle sur le thème de Térée et Philomèle. On sait que Térée, après avoir violé Philomèle, lui coupa la langue pour ne pas être dénoncé. Mais la jeune fille tissa un récit révélant l'attentat sur une tapisserie (ou un vêtement); c'est ce récit que Sophocle appelle « La voix de la navette ». S'il était possible que les métaphores, tout comme les mythes et les intrigues de roman, fussent archétypiques, je qualifierais volontiers ainsi cette « voix de la navette » de Sophocle.

Qu'est-ce qui donne à ces mots le pouvoir de nous parler, malgré la disparition de la pièce? Sans doute, l'histoire de Térée et Philomèle a quelque chose d'universellement émouvant, avec ce double attentat, cette alliance de l'artificieux et de l'artisanal, et l'allusion spécifique de la métaphore au fait que la vérité se fera jour, que la conscience humaine triomphera. Cette expression n'aurait pas de force sans le contexte de la légende, et pourtant sa densité est si grande que ces quelques mots paraissent donner non seulement la

* Paru dans G. H., *Beyond Formalism*, New Haven et Londres, Yale University Press, 1970; version française parue dans *Poétique*, 28, 1976. Traduit et publié avec l'autorisation de l'auteur et de l'éditeur.

structure d'une histoire bien précise, mais aussi celle de toutes les histoires dans la mesure où celles-ci révèlent quelque chose. A vrai dire, Aristote mentionne la périphrase de Sophocle au moment où il traite de la façon d'amener les scènes de reconnaissance, et il est intéressant de noter que les autres exemples qu'il cite semblent tous avoir existé bien avant les pièces qui les mettent en scène, comme s'il s'agissait d'énigmes ou d'expressions gnomiques imposées par la tradition et réclamant un contexte approprié. Ainsi Oreste dit que « sa sœur a été sacrifiée et que le même sort lui arrive à son tour »; Tydée dit que « venu avec l'idée qu'il trouverait son fils, il est mis à mort »; ou encore, les Phinéides déclarent que « leur sort est de mourir là puisque c'est là qu'elles ont été exposées » (*Poétique*, XVI, 6). Ces expressions, une fois entendues, provoquent la reconnaissance. Comme « la voix de la navette », elles ont peu de signification en dehors d'une histoire qui leur sert de support. Mais une fois qu'une histoire est trouvée, leur pouvoir de suggestion, loin d'être atténué, s'en trouve au contraire renforcé. Et c'est là que réside peut-être précisément le sens du mot « archétype » : c'est un élément plus grand que l'ensemble dont il fait partie, un texte exigeant un contexte mais irréductible à celui-ci.

Une analyse rhétorique de cette expression peut-elle expliquer sa force? Le mot « voix » désigne la légende représentée sur la tapisserie, par une substitution métonymique de l'effet à la cause. D'une façon similaire, quoique moins spectaculaire, nous disons qu'un livre nous « parle ». Le mot « navette » désigne le métier à tisser par substitution de la partie au tout (synecdoque), mais comporte en outre une métonymie nommant la cause productrice à la place de l'objet produit. Ainsi, on a dans le premier terme (voix) une substitution de l'effet à la cause, et dans le deuxième terme (navette), une

substitution de la cause à l'effet. Grâce à cette double
métonymie, la distance séparant la cause de l'effet
dans une chaîne événementielle ordinaire est augmentée
de façon sensible, et les extrémités de cette chaîne sont
surprécisées aux dépens des éléments intermédiaires
(fig. 1). Le sens de cette distention de la chaîne causale
n'est pas clair si l'on sort l'expression de son contexte.
Certes, vous et moi qui connaissons l'histoire com-
prenons comment la cause parvient à provoquer l'effet,
et comment la « voix » de Philomèle est restituée; mais
en elle-même, l'expression perturbe simplement notre
idée de la causalité et nous suggère — si du moins elle
suggère quelque chose — une intervention surnaturelle
plutôt qu'humaine : l'inanimé parle, comme par exemple dans la *Genèse* (4) lorsque la voix du sang d'Abel
crie dans le sol vers Dieu.

Une analyse rhétorique nous révèle donc rapidement
ses limites. Elle nous apprend cependant un certain
nombre de choses. La force de l'expression en question
réside dans l'élimination des termes intermédiaires et
dans la surprécision des termes extrêmes. Ceci est peut-
être lié à deux effets que toutes les théories du langage
poétique cherchent à expliquer : la « distance esthétique », qui privilégie ordinairement le détachement, la
réflexion et l'abstraction, d'une part, et « l'iconicité »,
d'autre part, qui exalte le concret, le mouvement et la
représentation. Pourtant ces effets ne sont pas plus
dissociables que ne le sont la périphrase et le mot propre
dans la figure de Sophocle. Nous nous trouvons en
présence d'une antinomie que l'on répète sous une autre
forme sans la résoudre lorsqu'on définit l'art comme un
universel concret. La tension de la figure de Sophocle
est semblable à la tension de la poétique.

Je pose cette affirmation générale dans un esprit
purement heuristique. Il y a, dans la figure comme dans
toute poétique explicative, quelque chose de contra-

dictoire. « Elle doit être visible ou invisible, écrit Wallace Stevens dans *Notes towards a Supreme Fiction*, invisible ou visible ou bien les deux à la fois (...), c'est une abstraction irriguée de sang, comme un homme est irrigué par la pensée. » Mais tandis que, selon un vieux dicton, « la nature aime les entrecroisements », la science, elle, ne les aime pas. Je dois donc suivre un chemin tortueux, hésitant entre la nature et la science, et esquisser pour vous une poétique folâtre qui n'affirme rien de manière directe en matière de logique, d'ontologie ou de linguistique, mais qui rapproche les plus petites structures littéraires des plus grandes, et qui relie l'analyse de métaphores ou de vers isolés à l'espèce d'anatomie universelle que pratique Aristote dans sa *Poétique*. Jusqu'à présent, tout ce que nous avons appris, c'est que les figures de style peuvent se caractériser par la surprécision des termes extrêmes et l'imprécision des termes intermédiaires ; nous avons aussi appris que cette structure peut expliquer les relations ambiguës entre le concret et l'abstrait en poétique. J'ajouterai maintenant que c'est l'élimination ou la subsomption mêmes des termes intermédiaires qui permet l'interprétation (si tant est qu'elles n'y obligent pas). Je veux dire par là que la force des termes extrêmes dépend de notre perception des maillons éliminés de la chaîne (par exemple, l'histoire détaillée de Térée et Philomèle) ; plus nous les percevons distinctement, plus la métaphore qui brise cette chaîne est forte, plus puissant est le choc qu'elle provoque dans l'esprit, et plus elle lui permet de fonctionner rapidement en le libérant des complications et des fatigues de la consécution logique. Une figure de style réussie nous fait sentir le second souffle de l'inspiration ; elle nous assure qu'en fin de compte, nous dépasserons la tortue.

Commençons par un vers de Milton :

Sonorous metal blowing martial sounds[1]

(Sonore métal soufflant des sons martiaux)

C'est un vers équilibré, où des groupes adjectif-nom encadrent le verbe formant pivot. A la séquence syntaxique 1.2.1.2. se superpose pourtant une structure allitérative en chiasme 1.2.2.1. (s.m.m.s.). Milton lui aussi, semble-t-il, « aime les entrecroisements ». Mais il est très difficile de tirer quelque chose de telles structures formelles, qui ne sont pas rares chez Milton. Supposons cependant que ce vers se suffit à lui-même et possède son équilibre propre, que c'est un coup de dés littéraire inspiré. On peut alors considérer qu'il est engendré par un concept redondant, celui de « sons sonores », que l'on retrouve en détachant les extrémités du vers (dans la langue originale). De ce point de vue, le vers est la séparation des mots « sons sonores », le refus de les laisser se rapprocher trop tôt, opéré au moyen de l'insertion d'un espace verbal entre l'adjectif et le nom. « Sonore » est séparé de « sons » et accolé à « métal »; simultanément « métal » se détache pour ainsi dire de « martial » qui est accolé à « sons » par transfert syntaxique. Ici la métaphore est autant fonction de la syntaxe que la syntaxe est fonction de la métaphore. En outre, tandis que l'allitération en chiasme contribue à effacer la redondance de « sons sonores », le parallélisme syntaxique atténue la redondance secondaire de « métal martial ». Ces deux phénomènes, déjà notés, distribuent et différencient la masse sonore comme Dieu divisa la matière élémentaire pour créer le monde en six jours.

Comparons à présent la métaphore de Sophocle

---

1. *Paradis perdu*, I, 540.

et le vers de Milton. Chez Milton les termes intermédiaires n'ont pas besoin d'être retrouvés par l'interprétation; le vers suscite sa partie médiane par une séparation des extrémités (fig. 2). Ce qui est réalisé dans ces deux cas, c'est une brèche, un espacement, une ouverture, avec ce que cela implique de liberté; mais alors que chez Sophocle cet espacement fonctionne comme distension de la chaîne causale, comme suspension de la causalité normale, chez Milton, il permet l'apparition de mots simplement à partir du son; il est aussi lié à une distance intérieure au langage, qui différencie les sons en tant que signifiants par une méthode diacritique (Saussure) ou par une méthode d'opposition binaire (Jakobson).

L'espace dont nous venons de parler n'est pas la même chose que la distance esthétique, et la tendance des figures de Milton ou de Sophocle à révéler une forte redondance ou une expression anormalement condensée de la causalité n'est pas la même chose que l'iconicité. Je ne pense pas que nous puissions saisir ces concepts très généraux autrement que par approximation. Mais nous entrevoyons déjà en quoi consiste la « tension » de figures isolées ou de l'œuvre littéraire entière.

Examinons une seconde figure miltonienne, plus ambitieuse cette fois-ci. Dans *Comus* retentit une musique :

> *... smoothing the Raven doune*
> *Of darkness till it smiled*

(... lissant les plumes de corbeau
Des ténèbres jusqu'à les faire sourire)

Ici « lissant » et « sourire » ont une légère tendance à se rapprocher, mais ce qui est réellement intéressant, c'est la métaphore centrale, « les plumes de corbeau des ténèbres ». Le processus de formation le plus vrai-

semblable est l'existence d'une expression-mère, « le
corbeau des ténèbres », image simple légitimée par
Virgile [1] et ayant une allure redondante que l'on peut
faire ressortir en transformant l'expression en « téné-
breux oiseau des ténèbres ». De tels chevauchements
existent en toute métaphore dans la mesure où celle-ci
est analogique; et Milton atténue la redondance par
l'insertion syntaxique d'une deuxième figure qui éloigne
« corbeau » de « ténèbres ». Cette figure, « les plumes
des ténèbres », n'a rien de redondant du point de vue
conceptuel. C'est un trope étonnant, lié à l'un des
termes, « ténèbres », par l'allitération *doune/darkness*,
et à l'autre terme, « corbeau », par extension de l'image [2].
Ainsi l'insertion syntaxique de cette seconde métaphore à la suite fonctionne exactement comme l'ensemble « métal... martial » également rapproché par ses
consonnes. Chez Milton, la syntaxe différencie la métaphore tout comme la métaphore différencie quelque
chose de plus substantiel qu'elle ne cesse pas d'exprimer.

La poétique transformationnelle qui apparaît ici
peut être éclairée si l'on dégage deux pôles : d'une part
les microstructures de la littérature, entités étudiées
par les linguistes, et d'autre part les macrostructures
que nous étudions tous. Dans une expression comme
« le monocle de mon oncle » la redondance phonique
est évidente, mais il n'y a pas de redondance sémantique. A vrai dire l'humour de cette expression est dû
au fait qu'une légère différence de son suscite une différence de sens aussi grande, quoique spécieuse. C'est
comme lorsqu'un monsieur glisse sur une peau de ba-

---

1. *Énéide*, VIII, 369.
2. Le fait qu'un jeu de mots est possible sur *doune* (qui signifie à la
fois « duvet, plume » et « vers le bas ») renforce, s'il était possible,
son effet de tmèse; cf. le vers complet : « *At every fall smoothing the
Raven doune.* »

tionnés. Si l'on donnait une définition technique de cette différence phonique, on dirait que c'est une légère modification de quantité, mais surtout, comme disent les linguistes, une question de « limite », de « jointure » *(juncture)*, ici marquée typographiquement par la division de « monocle » en deux mots, « mon oncle » [1].

FIGURE 1

(effet)		*(cause)*
voix		navette

(cause)		*(synecdoque)*
images		métier à tisser

(cause)	*(effet)*
tapisserie	tapisserie

FIGURE 2

sonorous		sounds
raven		darkness
mon		o(n)cle
sa		tyros
i	*(eve)*	Il
brim	*(in a flash)*	full
what	*(torn ship)*	soever
a		sloe
rolling		air
Humpty		Dumpty

FIGURE 3

signe   signifié

gent
écailleuse

excès de concret   excès d'abstraction

---

1. Je ne tente pas de faire ici une analyse linguistique exacte : le mot « jointure » est choisi uniquement parce que c'est le meilleur terme disponible. Je me rends bien compte que « oc » et « onc » contiennent un phonème différent. On a pourtant l'impression que lorsque « mon »

Ce qu'est la métonymie dans « La voix de la navette », ce qu'est la syntaxe chez Milton, la « jointure » l'est dans ce titre amusant de Wallace Stevens (fig. 2).

La jointure est simplement un espace, un champ libre; phonétiquement elle a la valeur zéro, comme une césure. Mais c'est justement parce que c'est un phénomène aussi infime qu'elle rend spectaculaire la relation différentielle, ou, comme dit Saussure, diacritique, entre son et sens. Dans tout agencement de mots important, une modification mineure a des conséquences graves, comme on le voit lorsque certains mots sont traduits de façon légèrement erronée dans des dépêches diplomatiques. Si l'on brise l'atome du son — et le discours est fission — on fait exploser une charge de sens stupéfiante. Avec la jointure, nous découvrons peut-être au niveau du discours un phénomène comparable à la distance esthétique dans le domaine de l'art, et ce d'autant plus qu'elle reste liée à cette *enargeia* (puissance imageante) explosive, bien que maîtrisée, que nous appelons parfois iconicité.

L'importance de valeurs zéro telles que la jointure devient plus apparente lorsqu'on porte attention à la plus petite unité littéraire, le jeu de mots. Artémidore raconte dans son *Oneirocritica* qu'au moment où Alexandre assiégeait Tyr, il vit en rêve un satyre danser sur son bouclier. En divisant le mot en *sa-tyros* (« Tyr est à toi ») on obtenait un présage favorable sur l'issue du siège. Freud, qui était fasciné par le rôle immense que jouent les mots dans les rêves, cite cette histoire et donne de nombreux exemples de ce qu'il appelle la « condensation ». L'image du satyre, par exemple, est une condensation visuelle d'une expression composée

---

est séparé de « ocle », ce dernier se développe par compensation en « oncle ». Elizabeth Sewell désigne ces phénomènes sous le nom d' « apparence sonore » des mots.

(sa-tyros); mais quand la forme de la condensation demeure verbale, on obtient des jeux de mots ou des mots-valise comme ce *mamafesta* de Joyce. Joyce illustre le fait que la langue elle-même effectue un travail onirique que les rêves semblent seulement imiter. Ce travail onirique apparaît, avant Joyce, dans le recours aux noms propres plutôt qu'aux noms communs, et surtout aux noms mythiques qui séduisent par leur sonorité :

> Le Styx abhorré, fleuve de la haine mortelle;
> Le triste Achéron, profond et noir fleuve de la douleur;
> Le Cocyte, ainsi nommé des bruyantes lamentations
> Entendues sur son onde lugubre; le farouche Phlégéton
> Dont les vagues en torrent de feu s'enflamment avec rage [1]

Chacun de ces vers est, pour ainsi dire, un développement du nom propre.

Ceci nous conduit à l'idée que les noms communs sont peut-être des noms propres ayant perdu leur valeur mythologique. Il paraît que derrière le nom hébreu *TeHOM* (« l'abîme ») que l'on trouve au début de la *Genèse* se cache peut-être le monstre divin babylonien *TIAMAT* qui serait réduit par la Bible de l'état de monstre à celui de simple non commun. Plus dure sera la chute des puissants qui tombent en syntaxe! Ce qui est vrai des noms communs est peut-être vrai du langage en général. Pour Emerson, le langage est fait de métaphores fossilisées; Saussure pensait que les systèmes grammaticaux avaient peut-être leur origine dans des anagrammes d'un nom sacré; et Shelley affirmait :

> La langue elle-même est poésie (...); toute langue originale proche de ses sources est elle-même cyclique à l'état de chaos.

Quel que soit le degré de vérité de ces spéculations, elles ont toutes à leur origine une même intuition. Lire

1. *Paradis perdu*, II, 577-581, trad. P. Messiaen.

un poème, c'est comme marcher sur du silence — sur
le silence d'un volcan. On perçoit que ce sol est chargé
d'histoire; on surprend la vie souterraine des mots.
Comme les dieux de la nuit, comme les visions de la
nuit, les mots sont érectiles. Un poète peut « dire le
silence » aussi simplement que l'a fait Chatterton en
libérant les mots par une orthographe pseudo-archaïque :

> *When joicie peres, and berries of blacke die,*
> *Doe daunce yn ayre, and call the eyne arounde*

> (Quand les poires juteuses et les baies à la robe noire
> Dansent en l'air et attirent les regards alentour)

Ce « *joicie* » est joycien. Joyce avait une compréhension
plus freudienne des mots qui place simplement la littérature au niveau du langage; il rend spectaculaires
les complications linguistiques dans lesquelles nous
sommes empêtrés, ainsi que la duplicité intrinsèque, le
mélange racial et la stratification historique du langage
vivant. *Mamafesta* ne se moque pas seulement des
impératifs patriarcaux, mais joue sur l'impureté structurale du langage qui, comme tout mythe et toute doctrine, charrie des éléments contradictoires. On trouve
la langue maternelle *(mama)* puis la couche savante
généralement d'origine latine *(manifesto)*. L'anglais
est praticulièrement sujet à cette heureuse impureté,
n'ayant pas subi comme le français ou l'italien de subli-
mation néoclassique décisive de la langue populaire.
La démultiplication du langage en mots retentissants
ou en périphrases — voyez par exemple ce mélange
shakespearien de langue familière et savante : « *the
deep backward and abysm of time* » (« le temps, cet
arrière et cet abîme profonds ») — et sa contraction
en vocables harmonieux d'où Milton, pareil aux inter-
prètes de rêves d'autrefois, tire des significations nouvelles, font partie d'un seul et même mouvement. Ainsi

est réuni « le latin de l'imagination à la *lingua franca
et jocundissima* » (Wallace Stevens).

Il y a bien sûr un monde entre la sémantique mystique
et la sémiotique moderne. Mais toutes les deux respectent
la fonction du silence et ces valeurs zéro que sont la
jointure, l'élimination et le développement, et qui jouent
un rôle si grand bien qu'insaisissable dans la poésie.
Ce n'est pas tomber dans le mysticisme que d'appeler
le langage poétique les voix du silence. Surprenons
Milton en train de faire naître du sens à partir de valeurs
zéro dans un célèbre jeu de mots :

> *O Eve in evil hour...* [1]

> (O Ève dans un moment maudit...)

Ce jeu de mots implique de nouveau un nom propre,
mais celui-ci ne suscite pas de sens nouveau grâce à la
jointure. En revanche — et c'est bien caractéristique
de Milton — il est organisé de façon linéaire par transfert ou contamination. Passer de « *Eve* » à « *evil* » est
une métaphore au niveau du son. Mais est-ce que le
mouvement du transfert est de « *Eve* » à « *evil* » ou
l'inverse? Milton, pourrait-on objecter, n'a nul besoin
du mot *Eve* sinon pour faire un jeu de mots qui n'est
pas particulièrement bon. Non seulement il brutalise la
langue mais il insulte aussi le lecteur. Pourtant le doublet
« *Eve — evil* » nous fait songer à un troisième terme,
ou matrice, racine commune d'où pourraient être issus
les deux mots. Ainsi il pourrait bien y avoir finalement
ici un phénomène de jointure; quelle que soit la *matrix
malorum*, elle contient à la fois *Eve* et *evil* en cette heure
fatale.

Cette matrice hypothétique est pareille au concept
redondant de « sons sonores » qui a engendré un vers

1. *Paradis perdu*, IX, 1067.

étudié plus haut. L'hémistiche qui nous occupe est lui aussi bizarrement et superbement redondant. Plus nous l'écoutons, plus il apparaît comme une diphtongue à la modulation éplorée, un « oh » qui s'altère ou subit une apophonie. Les termes extrêmes « *O* » et « *hour* » ont la même relation privilégiée que les termes intermédiaires « *Eve* » et « *evil* » formant chiasme. Dire que « *evil* » est en fait « *Eve* » à un degré phonétique (plutôt que grammatical) plus haut est farfelu, mais conforme à la configuration phonique du vers; cette impression est renforcée par le fait que « *evil* » et « *hour* » sont intermédiaires, pour ce qui est de la quantité, entre une et deux syllabes, si bien que l'on peut entendre « *evil* » comme un développement de « *ill* » (fig. 2). L'énergie sémantique et la tonalité affective du vers sont une fois de plus déterminées par des caractéristiques proches de la valeur zéro *(« O ... hour; Eve ... evil »)*.

De la jointure, ordinairement représentée par la barre /, il n'y a qu'un pas à la figure grammaticale de la tmèse, que l'on représente au mieux par un tiret. La tmèse (du mot grec signifiant division — cf. atome, l'insécable) peut être simple, comme dans ce fragment de Gerard Manley Hopkins : « *Brim, in a flash, full* » (« A pleins, subitement, bords »). Deux mots traditionnellement réunis sont disjoints pour faire place à un élément médian introduit de force (fig. 2). L'effet produit est celui d'une interjection, d'une intrusion, mais il donne une valeur supplémentaire à l'enclitique *full* qui autrement serait passé inaperçu. Les termes extrêmes sont accentués (« *in-stressed* », dirait Hopkins) parce qu'ils ont été éloignés, rejetés de part et d'autre par un intrus. On n'est pas loin de ce qui se produit grâce à la métonymie dans « La voix de la navette ».

La relation étroite existant entre la jointure et la tmèse apparaît le plus nettement dans une série graduée d'exemples. Dans les vers :

> ... *I have*
> *Immortal longings in me*

(J'ai des désirs d'immortalité en moi...)

l'enjambement est une sorte de jointure latente qui décrit la Cléopâtre de Shakespeare au moment où elle est sur le point de faire un choix difficile. Elle franchit le pas, pleine d'espoir, d'un simple souffle, d'une simple aspiration. Le discours suivi de Donne, son éloquence auto-persuasive, tentent de franchir le même pas, mais l'effort est plus apparent :

> ... *thinke that I*
> *Am, by being dead, Immortal*

(... Songe que je
Suis, étant mort, immortel)

A la fois inquiet et péremptoire, ce « je suis immortel » s'affirme dans une succession rapide en dépit de la séparation en fin de vers du sujet et de la copule et d'une séparation formant tmèse à l'intérieur de la copule. On pourrait penser que le mot séparation est trop fort pour désigner des pauses (« Je / suis ») ou des retards (« suis / immortel ») qui sont naturels dans la langue parlée. Ici la tmèse n'est pas un procédé brutal ou artificiel mais un enjambement plus difficile, une forme supérieure de jointure qui ne cesse d'individualiser les mots essentiels alors même qu'ils tendent vers l'expression d'une certitude, emportés par le penchant du discours pour la prolepse. Mais « séparation » est le mot juste si par-delà le discours nous considérons la poésie. La hâte calculée, la certitude aléatoire caractéristiques de l'œuvre de Donne sont aussi celles de l'espoir religieux. Les moyens de la « traversée », ou les dangers du voyage, voilà le thème central :

> *In what torn ship soever I embark*
> *That ship shall be my emblem of thy ark*

(Sur quelque navire déchiré que j'embarque
Ce navire sera mon emblème de ton arche)

« *Whatsoever* » s'ouvre et engloutit « *torn ship* » au
moment où le poète relâche le lien grammatical pour
interposer sa peur. Mais « *embark* » s'ouvre aussi pour
laisser apparaître une rime salvatrice *(« emb(lem)...
ark »)* au moment où le poète change sa peur en espoir
par une autre prolepse.

Une autre forme plus compliquée de tmèse distend
le lien syntaxique de façon presque irréversible. L'espace
adjectival normal est agrandi au maximum dans « *a
lusk-kept plush-capped sloe* » (« une plantureuse et
pelucheuse prunelle »); en réalité grâce à la rime intérieure du double adjectif composé, Hopkins intervertit
le milieu et la fin des vers, la rime étant caractéristique
des fins de vers. Dans *The Wreck of the Deutschland*
où il souhaite nous faire revenir au texte biblique
« Au commencement était le Verbe » en l'opposant
à l'habitude de litote du discours anglais, Hopkins
forge des syntagmes pareillement renversés (le Verbe,
c'est-à-dire le Christ comme Verbe, étant toujours
reconnu en dernier, doit être prononcé en premier
par nous). On peut voir un autre exemple de ce style
euphorique dans un vers décrivant la crécerelle :

> *... in his riding*
> *Of the rolling level underneath him steady air*

(... chevauchant
La houle régulière, sous elle, de l'air stable)

L'interposition de tous ces mots entre l'adjectif *rolling*
et le nom *air* est analogue au procédé d'inversion des
imitateurs des Anciens ou des rimeurs néoclassiques.

Le milieu du vers est si fort, par rapport à ses extrémités plus conventionnelles, qu'il ressort presque comme le mot « *Buckle* » dans le même poème; ce mot, brisant ses liens grammaticaux à la manière d'une particule chimique échappant à la liaison moléculaire, devient explosif :

> *Brute beauty and valour and act, oh air, pride, plume, here*
> *Buckle!*
>
> (Beauté brute et valeur et acte, oh air, orgueil, panache, ici
> Faites bloc!)

« *Buckle* » (le premier mot du deuxième vers) est un mot qui rime autant que « *here* » (le dernier mot du premier vers) parce qu'il condense et fait éclater la structure phonique des mots précédents avec leurs allitérations complexes en chiasme. Le dernier mot, une fois de plus, devient le premier [1].

Il est curieux que la forme ultime d'une valeur zéro comme la tmèse soit une valeur d'excédent comme la rime. Mais rappelons-nous que la tmèse brise une expression traditionnelle au moyen d'une partie médiane agressive, renforçant les pôles tout en imposant un solide corps médian. Or dans la poésie rimée, les pôles régressent en fin de vers, devant des bouts-rimés, tandis que le reste du poème est inséré entre ces fins de vers. Nous voyons ainsi que le refus de la rime chez Milton est lié à la démarche de Hopkins qui libère la rime de sa position terminale fixe et fait du dernier élément le

---

1. Cf. les rapports entre « *west* » et « *Waste* » dans les vers suivants de *Spelt from Sibyl's Leaves:*

> *Her fond yellow hornlight wound to the west, her*
> *wild hollow hoarlight hung to the height*
> *Waste*
>
> (Ses tendres cornes de jour jaune braquées sur l'ouest, sa
> cruelle et creuse clarté de glace accrochée dans les hauteurs
> Désertes)

premier (par sa configuration phonique et pas seulement par sa position dans le vers). Les termes extrêmes
des figures miltoniennes tendent en réalité à la redondance, comme des rimes parfaites; et il utilise la tmèse
syntaxique pour les séparer, pour insérer des éléments
restant liés aux pôles. Chez Milton, un élément médian
séparant par exemple « sonore » de « sons », « corbeau »
de « ténèbres » n'est rien d'autre qu'une habile modification de la redondance, l'éclatement d'un concept
ou d'une sonorité trop riches.

Ainsi la rime n'est pas un phénomène isolé. Toute
apparition de sens a comme la rime une forme binaire
puisque le sens naît de l'opposition d'entités phonique-
ment similaires. Prenons *Humpty-Dumpty* : ce nom,
tout comme « *Eve/evil* », fait songer à un mot unitaire
contenant les éléments divisés; mais rien ne pourra
jamais ressouder Humpty et Dumpty. Humpty-Dumpty
est le mot-valise raté, mais cet heureux échec révèle
justement la forme binaire. Le trait d'union entre
Humpty et Dumpty est à la fois disjonctif et conjonctif; on peut l'interpréter comme le signe général de la
tmèse attirant l'attention sur ce qui se trouve entre
les bouts-rimés. Quand un jeu de mots ou un mot-
valise sont développés et quand des sons semblables
sont placés en fin de vers, on obtient une rime. La rime
n'est qu'un exemple de figure aux termes extrêmes
surprécisés et aux éléments médians indéterminés.
Est-ce alors que tout discours poétique ou figure a
cette structure? S'agit-il vraiment d'une forme de jeu
de mots?

On peut définir le jeu de mots *(pun)* comme l'effort
de deux significations pour occuper le même espace
phonémique, ou comme la naissance de jumeaux
sémantiques à partir d'un son unique; mais de quelque
point de vue qu'on se place, c'est une situation de
pléthore. Ou bien il y a trop de son pour le sens ou bien

trop de sens pour le son. Nous avons donné à ce phénomène le nom de principe de redondance; il fait sans aucun doute de la poésie quelque chose de radicalement ambigu pour ce qui est de la fonction du signe. Ou bien la poésie en dit trop (et touche à l'indicible) ou bien elle en dit trop peu (et touche à l'inexpressif). « La voix de la navette » pourrait être une inflation du terme propre, une vaine périphrase mise à la place de « tapisserie » (cf. « le fruit du métier à tisser »). Ce pourrait être aussi un raccourci miraculeux, si riche en significations qu'il serait à la limite de l'oracle. La poésie vivra toujours sous un nuage de suspicion qu'elle crève avec de pareils éclairs.

On ne sait pas, à dire vrai, ce qu'est un système verbal parfait. Mais on sait en revanche que le langage se développe par « désynonymisation », comme dit Coleridge, ou par « opposition binaire », comme disent les structuralistes. Un champ libre, une brèche dans la redondance apparaissent et font de la place, pour nous et pour notre mot. Ainsi Tiamat et sa corpulence mythologique déchoient du statut de nom propre à celui de nom commun, et de celui de monstre à celui de vague mystère. Mais l'artiste, comme Dieu, médite sur la profondeur du nom commun et le rend fécond. Un nouveau sens voit le jour, un nouveau mot, un nouveau monde.

Vous éprouvez sans doute à mon égard, et à l'égard de tous ces développements sur la valeur zéro, autant d'impatience que Berkeley à l'égard des infinitésimaux de Newton. Il appelait ces entités, qu'on ne peut calculer que par la théorie des fluxions de Newton, « les fantômes de quantités disparues ». Mais à présent, je vais passer du minimal au maximal, et me préoccuper de valeurs plus tangibles.

Aucun critique ne peut s'empêcher de dire son mot sur *Œdipe*. Je suis tenté de construire à partir de cette pièce non seulement une théorie de la vie, comme Freud, mais aussi une théorie sur ce qui rend la littérature vitale dans la vie. Freud n'a jamais coordonné sa théorie du « travail du rêve » à sa théorie sur Œdipe. Et pourtant il est clair que ce qu'il appelle la « condensation » est un aspect crucial d'une tragédie qui réduit la vie à une coïncidence et à la plus petite liberté possible. Car si nous parlons à présent d'intrigue, de thème et de pareilles macro-structures, on peut dire qu'Œdipe, tuant son père et épousant sa mère, perd tout simplement son identité personnelle et n'a pas le droit de s'appartenir en propre. Dès le début, l'oracle enlève toute possibilité de développement personnel. Œdipe est en trop; il est son propre père, et en tant que père, il n'est rien, car il retourne à la matrice qui l'a conçu. Le fil conducteur de sa vie n'existe pas. Il y a seulement l'illusion qu'il existe, et la pièce s'acharne à la détruire. Cette illusion est importante, car c'est tout ce qu'a Œdipe à sa disposition pour se développer. La carrière d'Achille est, elle aussi, cernée par une prophétie : vie brève et glorieuse, ou vie longue et sans gloire. Mais elle n'est pas condensée comme une épigramme grecque où le lit nuptial est aussi le lit de mort. Œdipe tend vers son destin comme une épigramme tend vers son effet ou une tragédie vers la scène de reconnaissance. La chaîne causale se brise, l'illusion est dissipée, le surnaturel ne laisse pas de place au naturel. Le placenta des illusions est dévoré par le jeu des répliques.

La vie humaine, comme une figure poétique, est une zone médiane indéterminée située entre deux pôles surprécisés qui menacent toujours de la faire disparaître. Ces pôles peuvent être la naissance et la mort, le père et la mère, la mère et l'épouse, l'amour et le jugement, le ciel et la terre, le début et la fin. L'art, pour sa part, décrit cette zone médiane, en dessine la carte comme d'un purgatoire, car c'est seulement si cette zone existe que la vie peut exister; c'est seulement si l'imagination exerce sa pression sur ces pôles que l'erreur, l'illusion, la vie, et toutes ces choses que Shelley appelait « superstitions généreuses » sont possibles. L'exclusion de la zone médiane est aussi une tragédie pour l'imagination.

Dans l'histoire de l'humanité, il est des périodes de condensation — ou de concentration, comme disait Matthew Arnold — pendant lesquelles l'esprit religieux semble lancer irrésistiblement l'homme vers des pôles de l'existence. Les zones médianes deviennent suspectes, les médiations presque impossibles. Les choses avancent, par polarisation, retournement *(peripeteia)* ou dislocation. « Les meilleurs manquent totalement de conviction, et les pires sont pleins d'intensité passionnée », disait Yeats, qui voyait l'effondrement du centre. La Réforme a été une époque de ce genre; dans ses moments de pureté, elle a montré le spectacle impressionnant de la conscience humaine se concentrant sur quelques problèmes existentiels. L'espace occupé par les indulgences et les médiations disparaissait pour permettre une confrontation directe et immédiate de l'individu avec son Dieu. Mais que devient l'art dans une telle situation? Sauve-t-il « le fantôme des médiations disparues »? Le peut-il même? Y a-t-il un moyen authentique d'insérer une zone médiane assez substantielle pour satisfaire une imagination devenue extrémiste?

Emily Dickinson part souvent de la mort ou d'un moment qui n'en est pas éloigné. Ses poèmes sont aussi laconiques que les pierres tombales qui nous parlent le long du chemin. Dans le poème suivant, elle est parvenue à une étape nommée Éternité. Le poème se condense à ce moment :

> Notre voyage était bien avancé —
> Nos pieds avaient presque atteint
> Cet étrange carrefour sur la Route de l'Être —
> Nommé : Éternité —
>
> Notre pas soudain se ralentit d'effroi
> Nos pieds — réticents — nous guident —
> Devant — étaient des Cités — mais avant elles —
> La Forêt des Morts —
>
> Revenir — eût été sans espoir —
> Derrière nous — une Route Fermée —
> L'Étendard Blanc de l'Éternité était Devant —
> Et Dieu — à chaque Porte —

Ce sont là des vers curieusement impassibles et incertains, malgré leur précision. On nous dit que l'âme doit traverser la mort (« la Forêt des Morts ») pour atteindre la cité de Dieu. Mais, bien qu'il soit impossible d'atteindre l'Éternité sans passer par la mort, E. Dickinson a commencé par dire qu'elle était proche de l'Éternité dès l'abord, et dans la dernière strophe, l'Éternité précède l'âme avec un sauf-conduit. Dans cette humble épopée de la quête, l'Éternité est toujours *devant*.

La difficulté réside peut-être dans l'idée même de l'Éternité, qu'il n'est pas possible de représenter au moyen de catégories spatiales ou temporelles. Mais cela n'explique pas pourquoi E. Dickinson est hantée par un concept impossible à décrire. Dans l'univers du poème, ce concept agit évidemment comme facteur de motivation. L'écrivain voit pour voir. Son mode est l'infinitif. Chaque strophe suggère une étape qui n'est jamais atteinte — celle de l'épiphanie, de la visibilité. Rien n'est à la fois plus et moins visible que le blanc (« l'Étendard Blanc de l'Éternité était Devant »). Citons encore Wallace Stevens : « Il y a dans l'œil vision et non vision. » Le Dieu qui se tient à chaque porte multiplie une ouverture que nous ne franchissons pas.

Il s'agit donc d'un poème qui par trois fois nous conduit à une limite et par trois fois déplace cette limite. Nos pieds étaient « presque » arrivés (strophe 1); survient la « Forêt des Morts » (strophe 2); le Dieu des portes aussi concret que la couleur de l'Éternité (« une couleur universelle incolore ») demeure flou (strophe 3). La limite est naturellement un *limen*, un seuil; et pourtant l'imagination qui tente de la franchir et de voir Dieu ne fait rien de plus que de voir des limites. Est-ce que Dieu va ouvrir la porte ou la bloquer? L'éternité ne devient visible qu'à ce risque. E. Dickinson a avancé (si du moins elle a avancé...) de Terminus à Janus. Sa destinée (ou sa décision?) est de demeurer profane, *profana*, au seuil de la vision.

L'espace que Sophocle arrachait aux dieux était l'espace même de la vie humaine. Cet espace est illusoire ou condamné à disparaître lorsque la pièce s'oriente vers le moment de vérité qui confirme l'oracle. Chez Emily Dickinson, la prédestination est l'équivalent de l'oracle. Rien d'étonnant à ce qu'elle dise : « Notre pas soudain se ralentit d'effroi. » Le pas suivant, qui mène à la mort, est selon les croyances de ses ancêtres un pas vers sa destination — vers le jugement et l'éternité. Le protestantisme a réduit l'espace vital entre la mort, le jugement et l'apocalypse, de telle sorte que les choses ultimes ne sont qu'une seule et même chose, et que le purgatoire n'existe plus. Tel un oracle, le jugement est passé dès la naissance; la mort ne fait que le justifier ou le rendre visible. La vie est-elle alors autre chose que le seuil de la mort? Comme la « preuve oculaire » vient avec la mort, la vie spirituelle est centrée sur ce moment, qui peut être n'importe lequel. L'homme devrait vivre comme si l'instant présent était celui qui précède le jugement. Il est toujours, comme on le lit dans un autre poème au début foudroyant, « l'homme qui doit mourir demain ». Nous anticipons sur l'heure du glas; c'est toujours le dernier quart d'heure.

Et pourtant le débit d'Emily Dickinson est sans hâte, comme si elle avait le temps de s'interroger sur cet « étrange carrefour sur la Route de l'Être ». L'idée de rapprocher « *Eternity* » de « *Term* », dans le vers suivant, dénote même un humour livresque. L'esprit demeure toujours légèrement à l'écart ou décentré, comme les rimes — décentré aussi par rapport au corps. Les expressions impersonnelles comme « notre voyage », « notre pas », « nos pieds » suppriment la douloureuse référence à soi et suggèrent un locuteur situé au-dessus du corps véhiculaire. Il y a entre E. Dickinson et ses pieds une distance faite à la fois d'effroi et de détachement. Son attitude est presque celle d'une spectatrice.

Pouvons-nous définir cette attitude avec précision? Il est clair que l'art d'Emily Dickinson crée un espace. Il permet au seuil d'exister, il prolonge l'instant liminal. Les minutes du poème sont nos heures et nos jours. Si les rimes existent, ce n'est pas pour opérer une concentration, mais parce que la poésie doit ̖être ordonnée, même dans les situations extrêmes. Elles ont plutôt un effet de déconcentration, surtout la dernière, qui est aussi la meilleure : « *God... gate.* » Ici la rime approximative se déplace de la fin au milieu du vers. Certains entendent même dans « *God... gate* » l'écho d'une porte qui se referme. E. Dickinson craint de ne pas être admise à l'intérieur. Mais il vaut mieux laisser la porte entrebâillée, comme la rime.

Le fait que ses pieds soient orientés « vers l'Éternité » ne change pas fondamentalement l'état d'esprit de l'écrivain. Elle est entraînée, certes, mais elle ne se donne pas. Tout au long du voyage, son poème reste un livre de comptes de bourgeoise, un prolongement de la vertu chrétienne de prudence. Pour elle, demeurer obstinément ce qu'elle est, sans terreur, équivaut à faire

d'elle-même une élue; elle ne va pas changer radicalement. Ainsi la personnalité n'est pas projetée au-delà
de la sphère humaine comme dans la tragédie grecque.
Derrière Philomèle, celle qui tisse, se profile, telle une
ombre oraculaire et archétypique, la silhouette de la
Destinée. La Destinée, elle aussi, file. Sur son fuseau
elle divise et file le fil de l'existence humaine — mais
aussi peut-être un son : « La voix de la navette » de
Sophocle n'est-elle pas le symbole d'une parole oraculaire? Seule la Destinée pourrait tout dire, et Philomèle, après avoir retrouvé une voix par son art, participe
un instant de la divinité. Elle triomphe sur un sort
terrible, mais la révélation qu'elle provoque prolonge
une série d'événements tragiques. Emily Dickinson
ne dit pas tout; il n'y a pas de révélation aveuglante
dans sa poésie. Son destin est de rester profane, devant
les portes, bien qu'en vue de la « fin promise ».

   L'interprétation ressemble à une partie de football.
On repère une trouée et on s'y engouffre. Mais parfois
on est d'abord obligé de pratiquer cette trouée. Les
Rabbis utilisaient le mot technique *patach* (= il ouvrit)
pour désigner l'interprétation. Gershom Scholem a
montré que l'extravagance de la Kabbale est liée au
fait qu'ils introduisaient dans l'Écriture sainte les
souffrances et les réalités concrètes de l'histoire séculière.
Quand Deucalion traduisit l'expression « les os de sa
mère » par « les pierres de la terre », il fit un pari plein
d'imagination qui sauva une race.

   « Nous avons l'art, a dit Nietzsche, pour ne pas
mourir de la vérité. » L'art, cette herméneutique vitale,
restreint le sacré ou fait de la place pour la vie dans
la vie. La vérité non médiatisée par l'art est mortelle
parce qu'elle est trop présente, trop spécifique. Celui
qui cherche la vérité est pareil à l'enfant qui voit exactement cent trois moutons dans un paysage; l'artiste,
lui, est pareil à celui qui sait qu'on en voit « une centaine

là-bas et trois tout près ». « Cent trois » apparaît comme un hendiadyn, ou un exemple de diction poétique, qui surprécise les termes extrêmes (cf. « gent écailleuse », « voix de la navette ») mais laisse le sentiment qu'une zone médiane existe.

Donner un nom, au même titre que compter, est un mode de description puissant, qui rend moins ambigu le rapport du signe au signifié, avec, d'un côté, le terme propre, et de l'autre, l'objet signifié. Deux termes constituent ce rapport; la signification, quant à elle, est évacuée ou considérée comme transparente (fig. 3). Donner un nom de cette manière n'attire pas l'attention sur l'opération elle-même. Mais le discours littéraire attire l'attention sur lui-même — non par une propriété cachée (un troisième terme implicite) mais plutôt grâce à des structures comme la périphrase qui en même temps augmentent et réduisent la précision. Les figures poétiques font habituellement disparaître le terme propre : « Le soleil ne doit pas porter de nom. » Mais quand W. Stevens ajoute l'expression « brandisseur d'or », il fait comprendre que cette anti-création est créatrice, et que son « abstraction » donne à la fois plus et moins de précision [1].

L'herméneutique finale, l'art la pratique sur lui-même. « C'est déjà écrit » ou « Tout est dit », voilà l'oracle sinistre qui nie le talent individuel. Dans tout récit on trouve une phase d'erreur ou de quête, et c'est cette recherche étonnée qui le constitue comme récit et échappe à un monde à jamais fixe. Dans ce monde de

---

1. Ceci vaut même lorsque l'abstraction est critiquée. *The New Republic*, soucieux de restaurer le terme propre, l'épelle tel qu'il est : A + B + M = Insanité. La formule scientifique n'est plus imperturbable; elle tombe dans la familiarité, comme un texte philosophique technique rendu en langage courant. Un ABCé quelconque équivaut à une insani-Té. Un des termes de l'équation, en surprécisant le terme propre, révèle une imprécision suspecte de l'autre.

« merveille et de malheur », la jeunesse s'émancipe, trouve sa propre voix. Les vieux noms sont décapés; de nouvelles langues frétillent. L'erreur créatrice transforme le *blue darter hawk* (faucon bleu au vol rapide) en *blue dollar hawk*, « sentinelle placée aux avant-postes du camp sauvage et immortel ». Mais les impératifs tribaux demeurent; l'individualité s'arrache au préjugé puissant qui veut que nous ayons des devoirs communs. Les récits commencent donc avec quelque chose qui signifie trop : un cadavre (comme dans *Hamlet* ou le dernier roman policier), un oracle, un archétype, un symbole surdéterminable. L'art ne s'ajoute pas au monde des significations; il fait de la place dans la signification même.

La poétique contemporaine pose en principe qu'un mot n'est pas seulement une signification : « Un poème ne doit pas signifier / Mais être. » Pourtant la confusion s'installe dès que l'on tente de préciser comment les mots sont libérés de l'esclavage de la signification. L'alternative à la signification doit demeurer dans la mouvance de la signification et doit même être partie de sa structure; ainsi, la « finalité sans fin » de Kant demeure dans la mouvance de la téléologie. Le sens est partout; le problème est celui de l'excès plus que du vide, de la redondance et de la signification insignifiante. Les choses nous arrivent préinterprétées : W. Stevens demande au soleil de briller dans un ciel « qui nous chasse nous et nos images ». L'excès de la signification est dans notre monde analogue à la prolifération des dieux et des esprits dans le monde antique. « Et malgré tout le monde est en quête... » — rien d'étonnant que Mallarmé ait souhaité évoquer un « objet tu » grâce à une « ombre exprès ». Il y a toujours quelque chose qui nous viole, nous prive de notre voix, et jette l'art vers une esthétique du silence. « Les yeux seuls sont encore capables de pousser un cri », écrit Char

après avoir vécu la Seconde Guerre mondiale. Et
Nelly Sachs, faisant allusion aux souffrances de son
peuple :

> Nuit du mur des lamentations
> Gravés en toi sont les psaumes du silence.

Traduit de l'anglais
par Jacques Carré

François Rigolot

*Le poétique et l'analogique**

La conscience poétique moderne semble obéir dans
une très large mesure au principe de la motivation
analogique [1]. Encore récemment Gérard Genette le
soulignait à la fin de ses *Mimologiques* : chez les poètes
comme chez les linguistes, de Mallarmé à Saussure
ou de Novalis à Jakobson, on retrouve un peu partout
une triple valorisation de la relation analogique entre
signifiants (homonymies, paronomases, etc.), entre
signifiés (métaphores) et entre signifiants et signifiés
(motivation mimétique) [2].

Par des cheminements différents Michael Riffaterre
expose sa théorie de la « surdétermination sémantique »
en mettant l'accent sur des modalités de dérivation qui
semblent elles aussi gouvernées par les lois de l'analogie [3]. Si tout poème résulte de la transformation d'un
énoncé littéral simple en une périphrase complexe,
cette transformation se fait le plus souvent au niveau

* Paru originellement dans *Poétique*, 35, 1978.
1. Je remercie MM. Karl D. Uitti et Harald Weinrich d'avoir bien
voulu lire et critiquer un premier état de cet article. Un colloque organisé par M. Gilbert Gadoffre à l'Institut collégial européen du 18 au
23 juillet 1977 avait pris pour thème : « Langage poétique et pensée
analogique ». Certaines réflexions qu'on lira ici y ont été présentées et
discutées.
2. *Mimologiques*, Paris, Seuil, 1976, p. 313.
3. « Semantic Overdetermination in Poetry », *PTL, a Journal for
Descriptive Poetics and Theory of Literature*, II, 1977, p. 1-19.

de la phrase selon trois modes de dérivation qui correspondent en fait à trois types d'analogie : tautologique, polarisatrice et hypogrammatique [1]. Cependant les exemples avancés pour illustrer cette théorie ne correspondent pas forcément à un état tardif du développement du concept de « poétique »; ils n'appartiennent pas tous à la « conscience poétique » moderne. En fait, la citation initiale qui sert à vérifier le caractère du processus est empruntée à un texte du XVIIe siècle, assez marginal il est vrai mais qui tendrait à prouver une certaine permanence du phénomène à travers les siècles et les cultures [2].

Il semblerait donc possible, du moins *a priori*, de postuler que l'ensemble de la production poétique de la tradition occidentale obéit à des règles de composition, écrites ou non écrites, qui participent à des degrés divers d'une conscience de l'analogie. Et cela même si, à certaines époques, des critères valorisants d'une tout autre nature ont été proposés par les rhétoriciens [3]. Ce qui varie au cours du temps paraît être moins la conscience globale de l'analogie en tant que relation intratextuelle privilégiée que le type d'éléments lin-

---

1. *Ibid.*, p. 7-8.
2. Athanasius Kircher, *Musurgia*, 1662.
3. La poétique de l'époque classique était plutôt fondée sur la dissimilation. La *Rhétorique* de Lamy, par exemple, compte la similitude parmi les défauts de l'arrangement des mots (III, chap. VIII-IX). A l'opposé, Harald Weinrich a récemment montré que les surréalistes qui croyaient valoriser la dissemblance et fonder la hardiesse de leurs métaphores sur la notion d'écart maximal ont été en fait les victimes de leurs propres métaphores. Le modèle mental fourni par le langage des techniques modernes, en particulier celui de la physique (différence de potentiel, polarisation, champ magnétique, etc.), les a leurrés. Car à y regarder de près, une métaphore est réputée « hardie » (par exemple : « le lait noir ») non parce qu'elle s'éloigne de l'observation quotidienne *mais parce qu'elle s'en éloigne de peu*. C'est l'écart minimal (déplacement d'une couleur à une autre) qui, si paradoxal que cela puisse paraître, constitue la « hardiesse » (« Semantica delle metafore audaci », *Metafora e Menzona : la Serenità dell'Arte*, Bologne, 1976, p. 69).

guistiques de cette relation qu'il s'agit de valoriser.
Les poéticiens classiques condamnent la similitude dans
la séquence verbale et non dans le choix des figures;
ils réprouvent la relation analogique entre signifiants
et non entre signifiés [1]. En revanche, aux époques et
chez les poètes particulièrement sensibles à la motivation
mimétique du langage, la relation analogique entre
signifiant et signifié se trouve davantage privilégiée.
Les arts poétiques du XIIe siècle ont réservé une place
non négligeable à l'*annominatio;* les pétrarquistes
italiens du XVe siècle ont cultivé la *paronomasia* avec
enthousiasme dans leur onomastique lyrique; l'ana-
gramme et l'acrostiche occupent encore tout un chapitre
dans la *Défense et Illustration de la langue française* [2].
Même si les présupposés esthétiques et idéologiques
ont changé, il ne semble pas que les diverses expérimen-
tations formelles qui hantent les poètes depuis Mallarmé
obéissent à des lois très différentes. Figuration, spatia-
lisation, visualisation du message poétique visent à
remotiver le signifiant dans la relation analogique,
ne serait-ce que pour démontrer l'absurdité d'une telle
tentative. L'activité *littérale* tend alors à prendre le
pas sur l'activité *littéraire* ou même dans les cas extrêmes
à se substituer à elle [3].

Pour étudier les rapports transhistoriques entre
l'analogique et le poétique il paraît important de bien
distinguer entre deux types de motivation analogique
très différents : celle qui tend à prendre pour objet le
signifié et à lui chercher des équivalents dans la chaîne
des substitutions possibles de la sémantique; celle qui

1. Cf. V.-L. Saulnier, « La réforme de la poésie et du goût », *La
Littérature française du siècle classique*, Paris, PUF, 1970, p. 20 s.
2. Cf. E. Faral, *Les Arts poétiques du XIIe et du XIIIe siècle*, H. Cham-
pion, 1924, 1971, p. 169, 323; *Défense et Illustration*, éd. H. Chamard,
Didier, 1948, II, 8.
3. Cf. Philippe Bonnefis, « L'activité littérale », *Revue des sciences
humaines*, XXXVI, 142, avril-juin 1971, p. 159 s.

prend pour origine de sa saisie le signifiant et construit son discours à partir d'équivalents formels justifiés par la syntaxe. Il s'agit là bien sûr d'une distinction théorique puisque dans un texte poétique donné ces deux motivations, loin de s'exclure mutuellement, jouent concurremment et combinent leurs effets au point qu'il est difficile de les séparer dans la pratique. Cependant on peut considérer que toute production poétique obéit à ces deux types de motivation pour en actualiser différentiellement le projet virtuel, la lisibilité du texte servant de régulateur dans la combinatoire de cette double attraction.

Nous chercherons à proposer, à partir de cette constatation, une définition du « poétique » qui tienne compte à la fois de la concurrence des motivations et des degrés divers de leur actualisation dans un texte donné. Cette définition ne sera donc pas proprement linguistique bien qu'elle emprunte son vocabulaire à cette science ; elle réintègrera des données non quantifiables et cependant indispensables à toute compréhension du phénomène poétique dans sa totalité, comme le facteur personnel du « poète » et la composante historique qui ne peuvent être évincés sans commettre un non-sens. Nous envisagerons tour à tour la motivation analogique du signifié et celle du signifiant avant d'étudier leur combinatoire et de proposer notre définition [1].

A. MOTIVATION ANALOGIQUE DU SIGNIFIÉ

Que cette motivation soit révélation de correspondances secrètes, comme chez Baudelaire ou Mallarmé,

---

1. L'affrontement entre linguistes et poètes ne peut avoir lieu. On l'a bien vu au colloque de Loches sur l'analogie. Comme l'a rappelé Klaus Heger, on a toujours trop tendance à faire dire à la linguistique plus qu'elle ne peut dire. L'un des aspects les plus importants des contacts interdisciplinaires est justement de donner le sens des limites de sa propre discipline.

ou qu'elle soit volonté d'abolir des corrélations bien établies, comme chez Rimbaud ou Laforgue; qu'elle soit encore une hésitation entre ces deux postulations ou la tentation forcenée d'établir et de dénoncer à la fois une critique existentielle de l'analogie comme chez Yves Bonnefoy, il est bien certain que la motivation analogique du signifié opère sinon totalement, du moins en grande partie, dans le domaine de ce que l'on appelle traditionnellement *l'imagination* : c'est-à-dire non pas la « puissance trompeuse » de Pascal, mais la *faculté de concevoir par l'image*, de fabriquer des images parlantes pour transmettre le vécu, que ces images soient « vraies » ou — comme c'est le cas le plus souvent — « fausses ». Le poète est alors un menteur, mais un menteur de génie qui dit la similitude pour mieux dire la vérité, pour conférer à celle-ci un « plus haut sens ». *Miranda canunt, sed non credenda poetae* : les poètes chantent des choses admirables, mais non pas à croire [1].

La motivation analogique du signifié est donc essentiellement *métaphorique* en poésie. L'image poétique se veut *meta-phora*, transport, prélèvement d'un élément du réel pour désigner un autre élément dans le tissu continu de l'existence. Il suffit de lire les déclarations des poètes eux-mêmes, pour mesurer à quel point la fonction imaginante est valorisée, surtout dans la période qui va de Baudelaire au surréalisme. « Glorifier le culte des images, ma grande, mon unique, ma primitive passion », écrit Baudelaire. Mallarmé voit dans la métaphore « quelque puissance absolue » et Proust déclare qu'elle « seule peut donner une sorte d'éternité au style ». « Stupéfiant » (Aragon), « explosif » (Bachelard), « tremblement de terre » (Breton), l'image

---

1. Jean Bouchet, *Les Regnars traversant...*, cité dans A. Hamon, *Jean Bouchet*, Paris, 1901, Genève, 1970, p. 226.

littéraire est un constituant essentiel du langage destiné
à combler les césures apparentes du réel. Et le poète
se considère alors surtout comme un montreur, un
dévoileur, un « réunisseur d'images » (Claudel) [1].

Ce n'est peut-être là pourtant qu'un phénomène
historique, qui marque sans doute particulièrement
l'héritage baudelairien, mais qui réapparaît périodi-
quement au cours de l'histoire lorsque la conscience poétique cherche à s'affirmer dans la révélation
de nouveaux rapports entre les éléments épars du réel ;
autrement dit, aux époques où le langage tend à maxi-
miser sa fonction véhiculaire pour minimiser sa *prise
sur le réel* et où le travail poétique se propose d'être
d'abord un travail rhétorique : celui de la recherche
systématique des figures appropriées au message. Cette
tendance est si évidente que pendant très longtemps
les poètes n'ont pas été appelés *poètes* mais *rhétoriciens*,
c'est-à-dire artisans de la *figure* et inventeurs de *fictions*.
Le bouleversement épistémologique de la Renaissance
s'est manifesté, sur le plan poétique, par le rejet des
termes *fictio, ficción, fiction*, etc., pour caractériser
l'activité poétique, et par l'adoption des dérivés de
creatio dont l'usage était jusque-là strictement théolo-
gique. Par décentrement sémantique le poète s'est
considéré comme « créateur » à partir du moment,
variable selon les centres culturels, où, délaissant son
rôle de simple « arrangeur de figures », il a cru pouvoir
doubler Dieu dans son travail d'élucidation de la Création en organisant les analogies selon une syntaxe
nouvelle. Dans la controverse qui oppose au *Tre-
cento* les défenseurs de la poésie à ses détracteurs,
Dante est sans doute le premier *theologus-poeta* qui

---

1. Cf. Gérald Antoine, « Pour une méthode d'analyse stylistique des
images », *Langue et Littérature*, Bibliothèque de la faculté de philosophie
et lettres de l'université de Liège, CLXI, 1961, p. 154 s. On trouvera
dans cet article les références aux principales citations sur la métaphore.

refuse de considérer ses *fictions* en tant que fictions et revendique pour la poésie une fonction cognitive égale à celle de la Bible [1].

Parallèlement, et par un curieux retour en batterie de l'histoire, l'abandon des termes « créateur » et « création » dans le vocabulaire critique actuel correspond à l'effacement non moins spectaculaire de la valeur cognitive des textes poétiques, comme si le sens à donner au réel ne pouvait se déduire de l'éclairage ou du brouillage des analogies. Croire à une « présence » au sein de l'œuvre et à la transitivité du rapport existentiel entre l'expérience poétique de l'écrivain et celle du lecteur ne peut plus être qu'une « naïveté », voire une « imposture ». « L'écrit transpose l'intention, défait la voix transitive [2]. »

Cette toute-puissance de l' « écriture » que semble redécouvrir notre modernité est elle aussi historiquement datée. Elle part d'une conception du langage poétique où se trouve valorisée la motivation analogique du signifiant par rapport et au détriment de celle du signifié. Nous rappellerons très brièvement ci-dessous sa spécificité et son historicité.

B. MOTIVATION ANALOGIQUE DU SIGNIFIANT

La sémantique de tradition linguistique postule l'existence d'une « unité indissoluble entre signifiant et signifié » dans un « signe bilatéral » [3]. C'est donc aux

1. Cf. Robert Hollander, « Dante *theologus-poeta* », *Dante Studies*, XCIV, 1976, p. 91-136.
2. Argument que place Yves Bonnefoy dans la bouche des adversaires de la « poésie personnelle ». Cf. « Sur la fonction du poème », dans *Le Nuage rouge*, Paris, Mercure de France, 1977, p. 268.
3. « Fonctions référentielles et langage », communication de Klaus Heger, dans *Langage poétique et Pensée analogique*, Loches, 1977, p. 17-18.

lois de la linguistique et non de la logique qu'obéit
le discours poétique comme tout discours qui se sert
de langage. Le « signe unilatéral » qui privilégie le
rapport du signifiant au référent est donc irrecevable
en poésie. Pour reprendre l'exemple des *Phares*, « Ru-
bens, fleuve d'oubli, jardin de la paresse », la double
analogie postule une sémantique qui ne s'intéresse
pas à savoir si cet énoncé est « réel » ou « fictif », ou
encore si la langue est bien ou mal employée — notion
d'*acceptabilité* qui intéresse par exemple la grammaire
normative — mais qui rende compte du rapport intra-
signe entre un élément verbal et une « présence » de
sens inséparable de cet élément verbal tel qu'il se constitue dans le texte.

Pour simplifier les choses — et donc sans doute pour
les trahir — on rappellera une série d'exemples qui,
tout en appartenant à la marge de la poésie, attestent
par leur caractère récurrent la permanence du phénomène et représentent la limite extrême de l'expérimen-
tation lorsque est portée à son degré maximal la valorisation du signifiant dans la relation analogique. On
prendra ces cas d'espèce dans un ordre chronologique,
à la fois pour établir les présupposés épistémologiques
qui justifient l'écart entre les résurgences, et pour
abolir les variables non pertinentes qui pourraient
faire croire au caractère aberrant, statistiquement erra-
tique, du phénomène.

Une première constatation historique s'impose. A
certaines époques il semble bien que l'activité poétique
s'attache plus volontiers aux analogies formelles entre
signifiant et signifié qu'à la production des images,
métaphores et symboles; ou plutôt que s'il y a production d'images la faculté imaginante opère son *transfert*
(meta-phora) sur l'objet même du discours poétique
en tentant de réaliser sa propre figuration. Pour rester
dans la tradition occidentale on peut citer d'abord

les *technopaegnia* de la Grèce alexandrine. Les poèmes sur l'œuf, sur la hache, sur les ailes, attribués à Simias de Rhodes, décrivent les contours de l'œuf, de la hache, des ailes d'un oiseau. Ici le prélèvement sur le réel s'affirme comme objet linguistique à voir ; il est spatialement délimité par des mots sur la page, *concept* et non présence existentielle de l'objet vécu, discours *réifique* et qui se donne pourtant comme *poétique*. La *Syrinx* de Théocrite, chef-d'œuvre du genre, est écrite et en même temps représentée : c'est la flûte de Pan à dix tuyaux inégaux, à dix vers inégaux, les vers 1, 3, 5, 7 et 9 commençant par un omicron comme autant d'embouchures de tuyaux, comme autant d'orifices, origines de la musique qui s'y joue [1]. L'analogie entre les vers et les tuyaux relaie celle qui existe entre le chant du poète et celui du flûtiste, en établissant un type de correspondance complexe et qui n'est pas exclusivement autoréférentiel puisqu'il postule, au-delà de la représentation imagée de la flûte, un principe d'unité entre l'activité musicale et l'activité poétique. On pourrait presque y voir (et y entendre), mais dans un médium différent, une sorte de « musique avant toute chose » — avant la lettre.

Le Moyen Age européen offre à son tour ses célèbres poèmes figurés, les *carmina figurata*. Le maître en est sans doute, à l'époque carolingienne, ce Rabanus Maurus, abbé de Fulda et attaché à la personne de Charlemagne, dont le *De laudibus sanctae crucis* comprend en son premier livre une trentaine de poèmes figurés. Les louanges de la Croix du Christ s'y font graphiquement, l'emblème chrétien se manifestant sur la page par des combinaisons de lettres appropriées. Paul Zumthor a montré, dans son étude du

---

1. Cf. R. Dupont-Roc et J. Lallot, « La Syrinx », *Poétique*, 18, 1974, p. 176-193.

poème qui signe le recueil, que le texte de la prière
finale découpait dans son déroulement la silhouette
d'un moine agenouillé en oraison[1]. Tout se passe
comme si le poète affirmait sa présence dans le texte
en tant que « clerc » non pas en recourant au procédé
classique de la métaphore ou de la comparaison (du
type : « Comme un moine en prière, moi aussi écrivain
je compose mon oraison... ») mais en donnant une
image visuelle de ce type de parenté. Là encore, comme
dans le cas des *technopaegnia* et malgré la césure entre
les épistémologies, l'analogie établit un type de correspondance qui n'est pas purement autoréférentiel
puisqu'il reformule à sa manière le principe sous-jacent
à toute poétique médiévale, le *Nihil nisi christianum*
du *theologus-poeta*. Au-delà de la représentation imaginée
du moine en prière ce texte cherche clairement à postuler l'existence d'une unité ontologique entre prière et
poésie. Valoriser le signifiant (l'attitude orante devant
la Croix) devient le moyen privilégié de valoriser l'acte
clérical (la composition du *De laudibus sanctae crucis*)
et donc aussi de mettre en cause la soumission de la
poésie à la théologie *(poetria ancilla theologiae)*.

La curieuse tradition que le xve siècle, particulièrement en Flandre et en Bourgogne, a vue se développer
et qui nous est connue sans doute à tort sous le nom
de « grande rhétorique » offre des exemples nombreux
de poésie figurée. Les rhétoriques ont cultivé l'allégorie
nominale et l'arithmosophie symbolique avec conviction, recherchant sans cesse des rapports de nécessité
entre le sens de leurs textes et les éléments formels
qui les constituent[2]. Ils ont renoué par là à la fois avec
la tradition étymologique médiévale et l'exploration

1. Cf. Paul Zumthor, « Carmina figurata », *Change* XIV, 1969,
p. 148-159.
2. Cf. à ce sujet notre « Allégorisme nominal de la grande rhétorique »,
Poétique et Onomastique, Genève, Droz, 1977, p. 25-53.

paronymique des pétrarquistes mais en systématisant les procédés. Les acrobaties onomastiques de Molinet, les rébus de Jehan Marot, les tours de force bilingues ou trilingues d'André de La Vigne sont sans doute bien marginaux par rapport aux grandes œuvres poétiques de la Renaissance. Ils représentent pourtant le versant extrémiste de la « pensée figurée » d'une époque dont Robert Klein a précisé les présupposés philosophiques [1]. Expression outrée, « sauvage » dirions-nous aujourd'hui, de cette « compulsion à l'analogie » dont on essaie de mesurer l'importance, ne serait-ce que pour mieux comprendre le fonctionnement d'une *épistémè*, et à laquelle les « fictions » de l'Arioste ou de Ronsard ne restent pas étrangères [2].

Les exemples modernes sont trop nombreux et ont été trop souvent cités pour qu'il faille les rappeler ici. La matérialisation graphique peut porter sur l'objet servant de thème au poème : ce sont les *Calligrammes* d'Apollinaire; elle peut choisir la composante phonique qu'il s'agit de reproduire : ce sont *les Djinns* de Victor Hugo où le losange est le plus large là où l'intensité se veut maximale. Le texte peut également se présenter comme le développement, plus ou moins nuancé d'ironie, d'une corrélation entre le sens d'un mot et sa représentation figurée. On connaît la méditation de Hugo sur le mot *nuit* et celle de Claudel sur le mot *rêve*. L'un y voit l'idéogramme d'un paysage nocturne; l'autre, l'histoire même d'un rêve, condensée et surdé-

---

1. Cf. « La Pensée figurée de la Renaissance », *Diogène*, XXXII, octobre-décembre 1960, p. 123-138.
2. Selon Michel Foucault, la « prose du monde » pour l'homme du XVIe siècle obéit aux quatre similitudes : *convenientia, aemulatio, analogia, sympathia* (*Les Mots et les Choses*, Paris, Gallimard, 1966, p. 33). Il existe pourtant dans ce monde soumis à la « souveraineté du semblable » (p. 58) une parcelle d'*antipathie* pour empêcher l'assimilation totale des choses et leur résorption dans le Même (p. 39).

terminée par l'hiéroglyphe qui la désigne [1]. Plus près de nous, la lentille ou la pyramide de Marcelin Pleynet, les témoins oculaires de Lionel Ray, le *nul* renversé en *l'un* d'Edmond Jabès et autres *calligrammes supérieurs* de Michel Deguy, Jean Pierre Faye ou Philippe Sollers sont autant de manipulations de l'espace textuel qui s'inscrivent dans une *histoire* [2]. Et cette histoire nous paraît être moins celle de la « mort de la poésie » que l'ultime résurgence d'un appétit valorisateur, celui de la motivation analogique du signifiant.

C. COMBINATOIRE DES MOTIVATIONS

Reste à savoir dans quelle mesure on peut poser des limites au champ d'expansion de ces deux motivations pour tenter précisément de définir le poétique par rapport à l'analogique. Deux conditions au moins semblent nécessaires pour garantir l'existence de *faits poétiques* objectivement marqués, donc susceptibles d'un décodage critique. On les énoncera schématiquement de la manière qui suit :

— *Première condition : le communicatif comme terminus a quo.* La motivation analogique du signifiant ne peut se développer aux dépens de l'acte de communication d'un sens. Les divers bruitages du dadaïsme ou du lettrisme peuvent avoir un intérêt historique et anthropologique certain; leur pouvoir d'incantation peut même être très grand et provoquer des réactions émotives intenses chez le lecteur. Cependant ils restent

---

1. V. Hugo, *Œuvres*, A. Michel, t. IX, p. 277; P. Claudel, *Œuvre poétique*, Gallimard, 1957, p. 153. Cf. la thèse de Georges H. F. Longrée sur « la poésie formelle d'Apollinaire » qui étudie le contexte des « idéo-calligrammes » : *Dissertation Abstracts International*, A-34, 09, 1974, p. 5978-A.
2. Cf. Mary Ann Caws, « Passage du poème : Dupin, Deguy, Jabès, Lionel Ray », CAIEF, XXX, mai 1978, p. 225-243.

en deçà du *seuil poétique* proprement dit parce que le langage qu'ils utilisent n'a pas de valeur communicative identifiable [1]. Le jeu des analogies, à la condition même qu'il existe, reste prisonnier de la symbolique particulière de l'instance productrice qui le soustrait à toute tentative de repérage objectif. Or pour qu'il y ait acte poétique il doit exister un *seuil de transitivité minimale* entre le langage de l'encodeur et celui du décodeur. La notion même d'*intransitivité* qui marque la définition jakobsonienne de la poésie obéit par son outrance même au postulat romantique de l'irréductible tout en niant dans sa pratique le principe de l'*autotélisme* [2].

C'est ce qui fait émettre des doutes très sérieux sur la validité de la distinction maintenant classique qu'ont pu faire les théoriciens du Cercle linguistique de Prague. L'opposition entre « poétique » et « communicatif » sert sans doute moins à définir la spécificité des phénomènes poétiques qu'à renforcer la systématique polarisante des fameuses *Thèses* : elle trouve un peu trop facilement sa place dans le schéma antithétique intellectuel/affectif, interne/manifeste, littéraire/populaire [3]. Car si le texte poétique exclut le pur communicatif comme première visée, il finit toujours par le réincorporer par un processus de renvoi sémiotique, ne serait-ce qu'en signalant son autoréférentialité. Force est donc de reconnaître une *transcendance du signifié* (mais non du référent) en dépit ou à cause de la combinatoire

1. « Le lettrisme est intéressant par son échec même. Il a eu le mérite de développer jusqu'au bout la logique du substantialisme » (Jean Cohen, *Structure du langage poétique*, Flammarion, 1966, p. 31).
2. « La distance n'est pas grande entre la *Selbstsprache*, autolangue, de Novalis, et la *samovitaja rech'*, discours autonome, de Khlebnikov, cet autre intermédiaire entre Novalis (ou Mallarmé) et Jakobson » (Tzvetan Todorov, *Théories du symbole*, Seuil, 1977, p. 341).
3. Cf. Karl D. Uitti, *Linguistics and Literary Theory*, Prentice-Hall, 1969, p. 141-144. Historiquement, cette distinction revêt pourtant une importance considérable.

des niveaux d'analogies. Autrement dit, quelle que soit la complexité du processus d'encodage mis en cause, un texte poétique présuppose la reconnaissance par le décodeur d'un ensemble non limitatif mais vérifiable (tout au moins idéalement) d'éléments signifiants à partir d'une combinaison de phonèmes et de graphèmes donnés comme unités non signifiantes de la langue. En ce sens, le communicatif représente donc le *terminus a quo* de la motivation analogique en poésie.

— *Seconde condition : le ludique comme terminus ad quem.* On pourrait imaginer la programmation sur ordinateur d'un message linguistique où les analogies proliféreraient à l'infini : où, par exemple, la sélection se ferait par prélèvement des syntagmes contenant telles sifflantes, tel suffixe, telle notion de dureté. Ce message linguistique fortement structuré serait-il un texte poétique pour autant? Sans vouloir statuer sur la nature d'un discours hypothétique, il semble possible de différencier le langage poétique du pur ludique en disant que le premier postule non seulement une cohérence interne du message mais l'aveu d'un *projet transcendant* qui dépasse la matérialité des moyens qu'il met en œuvre. Le calembour, l'association verbale libre qui peuvent surgir dans des propos de table, entrent dans un schéma proprement poétique dès que Rabelais écrit ses « Propos des bien yvres » (*Gargantua*, chap. v). Le texte est alors un espace clos où les jeux de langage ont leurs lois, décelables, analysables avec plus ou moins de difficulté. Il a sa place marquée entre la grossesse de Gargamelle (chap. iv) et l'étrange nativité de Gargantua (chap. vi), en ce moment crucial où le récit s'interrompt pour donner lieu à l'éloge bachique de l'*homo bibens loquens*. Cette célébration de la parole vive, gratuite, connote l'idée de réjouissance (de « pantagruélisme ») beaucoup mieux que ne pourraient le faire les commentaires du narrateur. En termes aristotéliciens on pourrait dire que la nature poétique de ce texte provient de l'intervention de la *mimesis* en tant que suspension de la *diegesis*. On est prêt désormais à entendre le cri du nouveau-né au chapitre suivant : « A boire! à boire! à boire! » Et la narration reprend ses droits après cette digression thématiquement justifiée dans la plénitude imitative [1].

Du temps où les écoliers apprenaient encore le latin, une plaisanterie bilingue consistait à relire une *Guerre des Gaules* fantaisiste pour lui faire rendre un sens sacrilège. La phrase : « *Caesarem legatos alacrem eorum...* », se prononçait à la française : « César aime les gâteaux à la crème et au rhum... » Homonymie de garçon pâtissier, certes, mais qui n'est pas sans rappeler, en apparence du moins, certaines pratiques d'écriture chez un Michel Leiris ou un Raymond Roussel. Le processus qui consiste à donner une définition de son glossaire, par exemple chez Leiris (« Glossaire : j'y serre mes gloses »), se fait selon les deux mêmes temps distincts : d'abord perception de rapports purement formels entre éléments phoniques équipollents (glossaire : glose + serre); ensuite expansion par développement narratif des signifiés (« j'y serre mes gloses »). Cependant, comme le remarque Gérard Genette, le *Glossaire* « offre une série d'objets verbaux achevés et péremptoires, marqués de ce sceau (illusoire) du définitif qui est la marque du " poétique " ... [2] ». Les jeux de mots sortent de la pure production ludique pour devenir, selon les termes mêmes de *l'Age d'homme*, des « calembours poétiques » : décomposer les mots du vocabulaire pour les reconstituer en explicitant « leur signification la plus profonde [3] ». La spéculation ono-

---

1. Sur l'opposition *mimesis/diegesis*, voir Gérard Genette, « Frontières du récit », *Figures II*, Paris, Seuil, 1969, p. 495 s.
2. *Mimologiques, op. cit.*, p. 367.
3. *L'Age d'homme*, Gallimard, 1946, p. 227.

mastique se sacralise par le mouvement même qu'elle représente : ce refus systématique de la signification usuelle et contractuelle des signes, ce cri de révolte commun à toute une génération contre la « fraction collective du langage » (Préface du *Glossaire*). Geste prométhéen et antithermogénique qui rejette le langage de la cité sous la forme paradoxalement sociable du dictionnaire, du répertoire, du manuel. L'espace tautologique du pur ludisme s'évacue pour retrouver à travers un « lexique personnel » une « relation mutuelle » d'un autre ordre. La combinatoire des analogies se veut personnelle, dictée par le « bon plaisir de son esprit »; elle reste pourtant acte de communication et puise au patrimoine culturel qu'elle subvertit dans un geste négateur qui est aussi un consensus.

Le Moyen Age avait fait de ce genre d'écriture par rétromotivation un genre littéraire, la *figura etymologica*. Dans un monde où les mots et les choses devaient avoir, selon les termes de M. Foucault, « même sympathie » parce qu'ils étaient gouvernés par des rapports d'analogie dans la « souveraineté du semblable » [1], il était légitime que le poète recherchât une explication des dissimilitudes apparentes dans une opération d'interprétation du langage. Tel était son projet, qu'il fût théologien ou rhétoricien, projet didactique, apologétique mais aussi profondément poétique. Par l'*etymologia ab origine* on prouvait que l'homme est né de l'argile : *homo ex humo;* l'*etymologia a contrario* donnait des réponses aussi fulgurantes : pour Isidore de Séville si *lucus* (bois sacré) dérive de *lux* (lumière) c'est précisément parce que le bois est sombre par contraste avec la lumière. Nous sommes loin de la fantaisie ludique puisque la clé de ces étymologies doit nécessairement se trouver dans l'herméneutique réaliste.

---

1. *Les Mots et les Choses, op. cit.,* p. 58.

La Renaissance laïcisera et vulgarisera cette recherche de l'origine des noms en lui ôtant ses présupposés épistémologiques [1].

S'il faut donc établir des limites au-delà et en deçà desquelles l'existence de *faits poétiques* n'est pas, n'est plus objectivement marquée, il n'est peut-être pas vain de rappeler : 1. que la notion même de « poétique » est linguistiquement et historiquement située (de là la nécessité de la philologie : l'humble et patient travail du philologue doit être réhabilité); 2. qu'il ne s'agit pas d'un *absolu* à entourer d'une vénération mystique, mais du champ d'expansion à géométrie variable d'une combinatoire et que la tâche du critique (du poéticien) consiste précisément à choisir une chaîne d'arpenteur pour en mesurer les dimensions. Formulé différemment selon les temps et les lieux, le « poétique » apparaît alors comme un *accident de parcours* sur le chemin qui conduit du communicatif au ludique, du projet à dire au jeu sur ce dire; mais cet accident ne se situe jamais au même lieu, au même moment du parcours, ce qui rend difficile sa représentation :

terminus a quo	*terminus ad quem*
	occurrences du
communicatif	« poétique » ludique

On ne peut alors définir ce « poétique » que négativement par rapport à l'analogique. Car de même qu'on peut définir la vie comme l'ensemble des forces qui résistent à la mort, de même on est tenté de définir le « poétique » comme *l'ensemble des forces qui s'organisent pour échapper à l'analogie*. Happé par la spirale analogique, le discours risque en effet de sombrer dans

1. Cf. « La Tradition étymologique », dans notre *Poétique et Onomastique, op. cit.*, p. 15 s.

la pure gratuité : énigme, *riddle*, *Rätsel*, *skalds*, *joc partit* et autres passe-temps à structure agonistique. L'absence de communication devient la raison d'être de la performance, que celle-ci reste individuelle ou qu'elle soit ritualisée. La recherche systématique des images frappantes peut être une terrible tentation au même degré que le parti pris pour les inventions graphiques (rébus, puzzles, calligrammes) et autres fanfreluches visuelles de la marginalité [1].

Contrairement à une croyance tenace, la motivation analogique apparaît comme l'ennemie déclarée de la conscience poétique. Ennemie séduisante, il est vrai, mais qui tend à « emballer » le discours en le leurrant sur sa finalité, comme si la frénésie verbale était un but en soi, comme si les pistes du sens devaient être systématiquement brouillées, comme si le « poétique » alimentait une mystique ou une mystification. Si les cas d'écriture pathologique permettent de mieux comprendre la dimension symbolique du phénomène poétique, ils ne peuvent donner le change et prétendre se confondre avec d'authentiques énoncés poétiques. Le débraillé des analogies est trompeur. Car le « fou littéraire » le soumet sans hésiter à un plan directeur dont tous les éléments sont des symboles de la faille primitive qui motive l'écriture. L'ordre règne, la structure domine, la cohérence interne est parfaite; mais c'est un ordre, une structure, une cohérence qui tentent de légitimer la compulsion originelle, sauvage à l'analogie. L'écriture en folie se limite et se condamne à une mise en abyme répétitive, épuisante et sans échappatoire; elle est l'ordre de la tautologie [2].

---

1. Cf. « Poétiques marginales au xvıe et au xxe siècle », *Revue de littérature comparée*, avril-juin 1977, 2, p. 223-231.

2. Christian Delacampagne a étudié quelques cas d'écriture en folie dans *Poétique*, 18, 1974, p. 160-175. Sur le « procédé » de l'endogénèse, voir surtout p. 167.

Si les occurrences du « poétique » sont, comme nous l'avons dit, des accidents de parcours sur l'axe de transformation du communicatif en ludique, ces accidents apparaissent comme autant de *réflexes de défense* pour échapper à l'intransitivité narcissique du discours. Si la motivation analogique est première par rapport à l'écriture, alors la tentation dominante qui guette le scripteur sera celle de l'*endogénèse* (production du discours à partir du langage). Endogénèse des signifiés comme dans l'écriture automatique et on assiste alors à la valorisation de la capacité à métaphoriser. Endogénèse des signifiants et ce sont les bricolages phoniques et graphiques qui cherchent à créer des rapports nécessaires, mimologiques, entre les éléments réputés arbitraires du langage. On pourrait corriger le graphique précédent pour rendre compte de ce phénomène et le représenter comme suit :

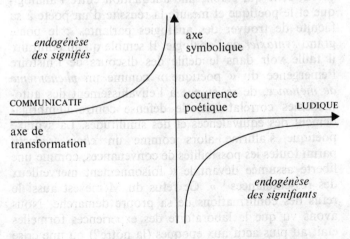

La courbe endogénétique des signifiés est asymptotique à l'axe du communicatif (métaphore renvoyant au *réel*) et à l'axe du symbolique (métaphore entraînant d'autres métaphores). La courbe endogénétique des signifiants est asymptotique à l'axe du ludique (reproduction gratuite de signes) et à l'axe du symbolique (signes renvoyant à d'autres signes). L'occurrence poétique représente un *degré zéro de symbolique* (alors que l'écriture en folie correspond à un degré infini de symbolique, aussi éloigné du communicatif que du ludique). L' « accident » se produit pourtant à l'intersection des axes, c'est-à-dire au moment où l'endogénèse est impossible (aucun point de la courbe endogénétique n'a par définition d'abscisse ou d'ordonnée zéro) et où, sur l'axe de transformation, le langage n'est ni purement véhiculaire ni totalement soumis à la loi du « bon plaisir ».

Cette définition du « poétique » *par défaut* a de quoi étonner. Elle n'est pourtant paradoxale que par rapport à une idée toute faite de la conscience poétique moderne, celle qui établit une adéquation entre l'analogique et le poétique et mesure la réussite d'un poète à sa faculté de trouver des analogies parlantes : le poète grand *syntaxier* de l'analogie. Il semble qu'au contraire il faille voir dans le défilé des discours de l'histoire l'émergence du « poétique » comme un *phénomème de méfiance*, de résistance à l'envahissement des automatismes corrélatoires, de défense contre l'embrigadement des équivalences et des similitudes. La syntaxe poétique s'affirme alors comme un *choix réductif* parmi toutes les possibilités de convenances, comme une liberté assumée devant le « foisonnement merveilleux des ressemblances [1] ». Ce refus du Même est aussi le refus des confirmations de sa propre démarche. Nous avons vu que le laboratoire des expériences formelles était au plus actif aux époques (la nôtre?) où une crise

---

1. *Les Mots et les Choses, op. cit.*, p. 41.

des valeurs traditionnelles oblige les formulateurs de
culture (dont les poètes) à s'interroger sur leur médium
d'expression : période alexandrine, carolingienne,
xvᵉ siècle, âge dit « baroque », surréalisme... Tout se
passe comme si dans la production littéraire d'une
civilisation donnée, la motivation analogique du signifiant était inversement proportionnelle à celle du signifié.
Autrement dit, on tend à privilégier les sympathies
formelles aux époques et chez les écrivains qui se sen-
tent prisonniers du magasin officiel de l'imagination :
Il Burchiello, François Villon, John Skelton par exemple
au xvᵉ siècle. Il n'y a plus rien de nouveau à dire;
alors disons-le en jouant sur les formules, en créant
de nouvelles correspondances fortuites entre les signes.
Ce qui a sauvé un Burchiello, un Villon, un Skelton
c'est d'avoir refusé l'endogénèse des pétrarquisants,
des rhétoriqueurs, des imitateurs de Chaucer. Et
notre époque, qui ressemble par tant de côtés à la
fin du Moyen Age, se rend peut-être compte enfin
qu'elle en a assez de briser une *scolastique de l'analogie.*

Il semble bien en tout cas que chez les poéticiens
un seuil vienne d'être franchi. Une évolution décisive,
sinon une révolution. Des notions aussi bien établies
que celles de *poéticité* ou de *littérarité* tombent à leur
tour sous les coups de la critique : pour basculer,
utopies généreuses, dans « l'avenir de leur passé ».
A la fin de ses *Mimologiques* [1], Gérard Genette laisse
entendre que la valorisation des convergences analo-
giques en poésie est moins « indice de vérité » que « signe
des temps »; elle est un *choix*, conscient ou non, qui
n'est pas celui de toute la poésie sous toutes les latitudes
mais seulement d'une « certaine poésie », historiquement située, que nous prenons encore pour modèle

1. P. 313.

mais qui ne cesse de se dater, sinon de se dé-moder.
Analysant la poétique de Roman Jakobson, Tzvetan
Todorov montre lui aussi que la conception du grand
linguiste s'inscrit pleinement encore dans la tradition
romantique, celle des Allemands, de Coleridge et de
Poe, de Baudelaire et de Mallarmé, de Khlebnikov
et de Maïakovski. La différence entre le discours de
Jakobson et celui de Novalis (ou de Sartre), nous dit
Todorov, est une différence de scientificité. La notion
d'*intransivitié* et ses corollaires d'opacité, de répétitivité,
de cohérence interne y reçoivent un traitement descriptif
et sont étudiés non pas en tant que présupposés décla-
ratifs d'intention mais en tant que procédés de transformation linguistique [1]. La théorie jakobsonienne du
symbole que les structuralistes ont pu croire un instant
définitive redevient une théorie parmi d'autres, ce
qu'elle n'aurait jamais dû cesser d'être : ombre portée
de la sensibilité d'une époque sur la science du langage.
Le saut herméneutique laisse apparaître en clair son
mécanisme, dénonçant du même coup la systématique
de l'analogie comme fondement de la conscience poétique universelle.

Ce qu'aujourd'hui les poéticiens récusent, la poésie
l'accuse. Et c'est pourquoi il faut bien en revenir à une
définition sans doute peu séduisante mais plus proche
de la réalité des faits. Au-delà des variantes de personnes et de cultures, et contrairement à ce qu'ont pu légi-
férer les *certitudiniens* d'un temps, le « poétique »
affirme sa permanence non pas dans l'exercice d'une
motivation pluralisante mais dans la résistance à son
envahissement. S'il faut chercher une « norme » du
« poétique » à travers l'histoire par rapport à laquelle
chaque texte mesurera sa déviance, on la trouvera plus
volontiers dans la *réduction sélective des assimilations*

---

1. *Théories du symbole, op. cit.*, p. 343-344.

que dans l'émulation euphorisante des ressemblances qui ne caractérise finalement qu'une minorité statistique de cas atypiques.

Table

Tzvetan Todorov
  Synecdoques   7

William Empson
  Assertions dans les mots   27

Jean Cohen
  Théorie de la figure   84

Geoffrey Hartman
  La voix de la navette   128

François Rigolot
  Le poétique et l'analogique   155

FIRMIN-DIDOT S.A., PARIS-MESNIL. (8-79)
D.L. 3e TRIM. 1979. No 5282 (4420)

Collection Points

1. Histoire du surréalisme, *par Maurice Nadeau*
2. Une théorie scientifique de la culture, *par Bronislaw Malinowski*
3. Malraux, Camus, Sartre, Bernanos, *par Emmanuel Mounier*
4. L'Homme unidimensionnel, *par Herbert Marcuse*
5. Écrits I, *par Jacques Lacan*
6. Le Phénomène humain, *par Pierre Teilhard de Chardin*
7. Les Cols blancs, *par C. Wright Mills*
8. Stendhal, Flaubert, *par Jean-Pierre Richard*
9. La Nature dé-naturée, *par Jean Dorst*
10. Mythologies, *par Roland Barthes*
11. Le Nouveau Théâtre américain, *par Franck Jotterand*
12. Morphologie du conte, *par Vladimir Propp*
13. L'Action sociale, *par Guy Rocher*
14. L'Organisation sociale, *par Guy Rocher*
15. Le Changement social, *par Guy Rocher*
16. Les Étapes de la croissance économique, *par W. W. Rostow*
17. Essais de linguistique générale, *par Roman Jakobson* (épuisé)
18. La Philosophie critique de l'histoire, *par Raymond Aron*
19. Essais de sociologie, *par Marcel Mauss*
20. La Part maudite, *par Georges Bataille* (épuisé)
21. Écrits II, *par Jacques Lacan*
22. Éros et Civilisation, *par Herbert Marcuse* (épuisé)
23. Histoire du roman français depuis 1918 *par C.-E. Magny*
24. L'Écriture et l'Expérience des limites, *par Philippe Sollers*
25. La Charte d'Athènes, *par Le Corbusier*
26. Peau noire, Masques blancs, *par Frantz Fanon*
27. Anthropologie, *par Edward Sapir*
28. Le Phénomène bureaucratique, *par Michel Crozier*
29. Vers une civilisation du loisir?, *par Joffre Dumazedier*
30. Pour une bibliothèque scientifique, *par François Russo* (épuisé)
31. Lecture de Brecht, *par Bernard Dort*
32. Ville et Révolution, *par Anatole Kopp*
33. Mise en scène de Phèdre, *par Jean-Louis Barrault*
34. Les Stars, *par Edgar Morin*
35. Le Degré zéro de l'écriture *suivi de* Nouveaux Essais critiques *par Roland Barthes*
36. Libérer l'avenir, *par Ivan Illich*
37. Structure et Fonction dans la société primitive *par A. R. Radcliffe-Brown*
38. Les Droits de l'écrivain, *par Alexandre Soljénitsyne*
39. Le Retour du tragique, *par Jean-Marie Domenach*
41. La Concurrence capitaliste, *par Jean Cartell et P.-Y Cossé* (épuisé)
42. Mise en scène d'Othello, *par Constantin Stanislavski*
43. Le Hasard et la Nécessité, *par Jacques Monod*

44. Le Structuralisme en linguistique, *par Oswald Ducrot*
45. Le Structuralisme : Poétique, *par Tzvetan Todorov*
46. Le Structuralisme en anthropologie, *par Dan Sperber*
47. Le Structuralisme en psychanalyse, *par Moustapha Safouan*
48. Le Structuralisme : Philosophie, *par François Wahl*
49. Le Cas Dominique, *par Françoise Dolto*
51. Trois Essais sur le comportement animal et humain
    par Konrad Lorenz
52. Le Droit à la ville, *suivi de* Espace et Politique
    par Henri Lefebvre
53. Poèmes, *par Léopold Sédar Senghor*
54. Les Élégies de Duino, *suivi de* les Sonnets à Orphée
    par Rainer Maria Rilke (édition bilingue)
55. Pour la sociologie, *par Alain Touraine*
56. Traité du caractère, *par Emmanuel Mounier*
57. L'Enfant, sa « maladie » et les autres, *par Maud Mannoni*
58. Langage et Connaissance, *par Adam Schaff*
59. Une saison au Congo, *par Aimé Césaire*
60. Une tempête, *par Aimé Césaire*
61. Psychanalyser, *par Serge Leclaire*
63. Mort de la famille, *par David Cooper*
64. A quoi sert la Bourse?, *par Jean-Claude Leconte*
65. La Convivialité, *par Ivan Illich*
66. L'Idéologie structuraliste, *par Henri Lefebvre*
67. La Vérité des prix, *par Hubert Lévy-Lambert*
68. Pour Gramsci, *par Maria-Antonietta Macciocchi*
69. Psychanalyse et Pédiatrie, *par Françoise Dolto*
70. S/Z, *par Roland Barthes*
71. Poésie et Profondeur, *par Jean-Pierre Richard*
72. Le Sauvage et l'Ordinateur, *par Jean-Marie Domenach*
73. Introduction à la littérature fantastique, *par Tzvetan Todorov*
74. Figures I, *par Gérard Genette*
75. Dix Grandes Notions de la sociologie, *par Jean Cazeneuve*
76. Mary Barnes, un voyage à travers la folie
    par Mary Barnes et Joseph Berke
77. L'Homme et la Mort, *par Edgar Morin*
78. Poétique du récit, *par Roland Barthes, Wayne Booth*
    Philippe Hamon, Wolfgang Kayser
79. Les Libérateurs de l'amour, *par Alexandrian*
80. Le Macroscope, *par Joël de Rosnay*
81. Délivrance, *par Maurice Clavel et Philippe Sollers*
82. Système de la peinture, *par Marcelin Pleynet*
83. Pour comprendre les média, *par M. McLuhan*
84. L'Invasion pharmaceutique, *par J.-P. Dupuy et S. Karsenty*
85. Huit Questions de poétique, *par Roman Jakobson*
86. Lectures du désir, *par Raymond Jean*
87. Le Traître, *par André Gorz*
88. Psychiatrie et Anti-psychiatrie, *par David Cooper*
89. La Dimension cachée, *par Edward T. Hall*

90. Les Vivants et la Mort, *par Jean Ziegler*
91. L'Unité de l'homme, *par le Centre Royaumont*
   1. Le primate et l'homme, *par E. Morin et M. Piatelli-Palmarini*
92. L'Unité de l'homme, *par le Centre Royaumont*
   2. Le cerveau humain, *par É. Morin et M. Piatelli-Palmarini*
93. L'Unité de l'homme, *par le Centre Royaumont*
   3. Pour une anthropologie fondamentale,
   par E. Morin et M. Piattelli-Palmarini
94. Pensées, *par Blaise Pascal*
95. L'Exil intérieur, *par Roland Jaccard*
96. Σημειωτική, recherches pour une sémanalyse, *par Julia Kristeva*
97. Sur Racine, *par Roland Barthes*
98. Structures syntaxiques, *par Noam Chomsky*
99. Le Psychiatre, son « fou » et la psychanalyse, *par Maud Mannoni*
100. L'Écriture et la Différence, *par Jacques Derrida*
101. Le Pouvoir africain, *par Jean Ziegler*
102. Une logique de la communication *par P. Watzlamick / J. Helmick Beavin / Don D. Jackson*
103. Sémantique de la poésie, *collectif*
104. De la Fance, *par Maria-Antonietta Macciocchi*
105. Small is beautiful, *par E. F. Schumacher*

Collection Points

SÉRIE POLITIQUE

1. La Démocratie, *par Georges Burdeau*
2. L'Afrique noire est mal partie, *par René Dumont*
3. Communisme, Anarchie et Personnalisme, *par E. Mounier*
4. Que faire ?, *par Lénine*
5. Machiavel, *par Georges Mounin*
6. Dans trente ans la Chine, *par Robert Guillain*
7. Citations du président Mao Tsé-toung
8. Pour une réforme de l'entreprise, *par François Bloch-Lainé*
9. Les Socialistes, *par André Philip*
10. Hô Chi-minh, *par Jean Lacouture*
11. Histoire de la Révolution russe, 1. Février, *par Trotsky*
12. Histoire de la Révolution russe, 2. Octobre, *par Trotsky*
13. Réflexions sur l'histoire d'aujourd'hui, *par Tibor Mende* (épuisé)
14. Histoire du syndicalisme britannique, *par Henry Pelling*
15. Trois Encycliques sociales, *de Jean XXIII et Paul VI*
16. Bilan de l'URSS, 1917-1967, *par J.-P. Nettl* (épuisé)

17. Mahomet, *par Maxime Rodinson*
18. Citations du président de Gaulle, *par Jean Lacouture*
19. Les Sans-Culottes, *par Albert Soboul*
20. Les Libertés à l'abandon, *par Roger Errera*
21. Qu'est-ce que la politique?, *par Julien Freund*
22. Citations de Fidel Castro, *par Henri de la Vega et Raphaël Sorin*
23. Les lycéens gardent la parole, *par les CAL* (épuisé)
24. Les Communistes français, *par Annie Kriegel*
25. La CGT, *par André Barjonet* (épuisé)
26. Les 20 Amériques latines, t. 1, *par Marcel Niedergang*
27. Les 20 Amériques latines, t. 2, *par Marcel Niedergang*
28. Les 20 Amériques latines, t. 3, *par Marcel Niedergang*
29. Introduction à une politique de l'homme, *par Edgar Morin*
30. Le Nouveau Christianisme, *par H. de Saint-Simon*
31. Le PSU, *par Michel Rocard*
32. La Nouvelle Classe ouvrière, *par Serge Mallet* (épuisé)
33. Réforme et Révolution, *par André Gorz*
34. L'État SS, *par Eugen Kogon*
35. L'État, *par Georges Burdeau*
36. Cuba est-il socialiste?, *par René Dumont*
37. Les Paysans dans la lutte des classes, *par Bernard Lambert*
38. La Pensée de Karl Marx, *par Jean-Yves Calvez*
39. La Pensée politique arabe contemporaine, *par Anouar Abdel-Malek*
40. Pour le nouveau parti socialiste, *par Alain Savary*
41. Autogestion, *par Daniel Chauvey*
42. Un socialisme du possible, *par François Mitterrand* (épuisé)
43. La CFDT, *ouvrage collectif* (épuisé)
44. Paris libre 1871, *par Jacques Rougerie*
45. Les Nouveaux Intellectuels, *par F. Bon et M.-A. Burnier*
46. Les Origines du gauchisme, *par Richard Gombin*
47. La Société bloquée, *par Michel Crozier*
48. Classe ouvrière et Révolution, *par F. Bon et M.-A. Burnier*
49. Histoire des démocraties populaires,
    1. L'ère de Staline, *par François Fejtö*
50. Histoire des démocraties populaires,
    2. Après Staline, *par François Fejtö*
51. La Faute à Voltaire, *par Nelcya Delanoë*
52. Géographie de la faim, *par Josué de Castro*
53. Le Système totalitaire, *par Hannah Arendt*
54. Le Communisme utopique, *par Alain Touraine*
55. Japon, troisième grand, *par Robert Guillain*
56. Les Partis politiques dans la France d'aujourd'hui,
    par François Borella
57. Pour un nouveau contrat social, *par Edgar Faure*
58. Le Marché commun contre l'Europe,
    par Bernard Jaumont, Daniel Lenègre et Michel Rocard (épuisé)
59. Le Métier de militant, *par Daniel Mothé*
60. Chine-URSS, *par François Fejtö*
61. Critique de la division du travail, *par André Gorz*

62. La Civilisation au carrefour, *par Radovan Richta*
63. Les Cinq Communismes, *par Gilles Martinet*
64. Bilan et Perspectives, *par Léon Trotsky*
65. Pour une sociologie politique, t. 1, *par J.-P. Cot et J.-P. Mounier*
66. Pour une sociologie politique, t. 2, *par J.-P. Cot et J.-P. Mounier*
67. L'Utopie ou la Mort, *par René Dumont*
68. Fascisme et Dictature, *par Nicos Poulantzas*
69. Mao Tsé-toung et la Construction du socialisme,
   textes inédits traduits et présentés par Hu Chi-hsi
70. Autocritique, *par Edgar Morin*
71. Nouveau Guide du militant, *par Denis Langlois*
72. Les Syndicats en France, t. 1, *par Jean-Daniel Reynaud*
73. Les Syndicats en France, t. 2, Textes et documents,
   par Jean-Daniel Reynaud
74. Force ouvrière, *par Alain Bergounioux*
75. De l'aide à la recolonisation, *par Tibor Mende*
76. Le Patronat, histoire, structure, stratégie du CNPF,
   par Bernard Brizay
77. Lettres à une étudiante, *par Alain Touraine*
78. Sur la France, *par Stanley Hoffmann*
79. La Cuisinière et le Mangeur d'hommes, *par André Glucksmann*
80. L'Age de l'autogestion, *par Pierre Rosanvallon*
81. Les Classes sociales dans le capitalisme aujourd'hui,
   par Nicos Poulantzas
82. Regards froids sur la Chine, *ouvrage collectif*
83. Théorie politique, *par Saint-Just*
84. La Crise des dictatures, *par Nicos Poulantzas*
85. Les Dégâts du progrès, *par la CFDT*
86. Les Sommets de l'État, *par Pierre Birnbaum*
87. Du contrat social, *par Jean-Jacques Rousseau*
88. L'Enfant et la Raison d'État, *par Philippe Meyer*
89. Écologie et Politique, *par A. Gorz/M. Bosquet*
90. Les Racines du libéralisme, *par Pierre-François Moreau*
91. Syndicat libre en URSS,
   par le Comité international contre la répression
92. L'Informatisation de la société, *par Simon Nora et Alain Minc*
93. Manuel de l'animateur social, *par Saul Alinsky*
94. Mémoires d'un révolutionnaire, *par Victor Serge*
95. Les Partis politiques dans l'Europe des Neuf,
   par François Borella
96. Le Libéralisme, *par Georges Burdeau*
97. Parler vrai, *par Michel Rocard*
98. Mythes révolutionnaires du Tiers Monde, *par Gérard Chaliand*
99. Qu'est-ce que la social-démocratie?, *par la revue « Faire »*
100. La Démocratie et les Partis politiques, *par Moisei Ostrogorsky*

Collection Points

SÉRIE HISTOIRE

H1. Histoire d'une démocratie :
     Athènes des origines à la conquête macédonienne, *par Claude Mossé*
H2. Histoire de la pensée européenne
     1. L'éveil intellectuel de l'Europe du IXe au XIIe siècle,
     par Philippe Wolff
H3. Histoire des populations françaises et de leurs attitudes devant
     la vie depuis le XVIIIe siècle, *par Philippe Ariès*
H4. Venise, portrait historique d'une cité
     par Philippe Braunstein et Robert Delort
H5. Les Troubadours, *par Henri-Irénée Marrou*
H6. La Révolution industrielle 1780-1880, *par Jean-Pierre Rioux*
H7. Histoire de la pensée européenne
     4. Le Siècle des Lumières, *par Norman Hampson*
H8. Histoire de la pensée européenne
     3. Des humanistes aux hommes de science, *par Robert Mandrou*
H9. Histoire du Japon et des Japonais
     1. Des origines à 1945, *par Edwin O. Reischauer*
H10. Histoire du Japon et des Japonais
     2. De 1945 à 1970, *par Edwin O. Reischauer*
H11. Les Causes de la Première Guerre mondiale, *par Jacques Droz*
H12. Introduction à l'histoire de notre temps. L'Ancien Régime
     et la Révolution, *par René Rémond*
H13. Introduction à l'histoire de notre temps. Le XIXe siècle,
     par René Rémond
H14. Introduction à l'histoire de notre temps. Le XXe siècle,
     par René Rémond
H15. Photographie et Société, *par Gisèle Freund*
H16. La France de Vichy (1940-1944), *par Robert O. Paxton*
H17. Société et Civilisation russes au XIXe siècle
     par Constantin de Grunwald
H18. La Tragédie de Cronstadt (1921), *par Paul Avrich*
H19. La Révolution industrielle du Moyen Age, *par Jean Gimpel*
H20. L'Enfant et la Vie familiale sous l'Ancien Régime
     par Philippe Ariès
H21. De la connaissance historique, *par Henri-Irénée Marrou*
H22. Malraux, une vie dans le siècle, *par Jean Lacouture*
H23. Le Rapport Khrouchtchev et son histoire, *par Branko Lazitch*
H24. Le Mouvement paysan chinois (1840-1949),
     par Jean Chesneaux
H25. Les Misérables dans l'Occident médiéval, *par Jean-Louis Goglin*
H26. La Gauche en France depuis 1900, *par Jean Touchard*

H27. Histoire de l'Italie, du Risorgimento à nos jours,
    par Sergio Romano
H28. Genèse médiévale de la France moderne, *par Michel Mollat*
H29. Décadence romaine ou Antiquité tardive?
    par Henri-Irénée Marrou
H30. Carthage ou l'Empire de la mer, *par François Decret*
H31. Essais sur l'histoire de la mort en Occident du Moyen Age
    à nos jours, *par Philipe Ariès*
H32. Le Gaullisme, 1940-1969, *par Jean Touchard*
H33. Grenadou, paysan français, *par Ephraïm Grenadou et
    Alain Prévost*
H34. Piété baroque et Déchristianisation en Provence au XVIIIe siècle,
    par Michel Vovelle
H35. Histoire générale de l'Empire romain
    1. Le Haut-Empire, *par Paul Petit*
H36. Histoire générale de l'Empire romain
    2. La crise de l'Empire, *par Paul Petit*
H37. Histoire générale de l'Empire romain
    3. Le Bas-Empire, *par Paul Petit*
H38. Pour en finir avec le Moyen Age, *par Régine Pernoud*
H39. La Question nazie, *par Pierre Ayçoberry*
H40. Comment on écrit l'histoire, *par Paul Veyne*
H41. Les Sans-culottes, *par Albert Soboul*

Nouvelle histoire de la France contemporaine

H101. La Chute de la monarchie (1787-1792), *par Michel Vovelle*
H102. La République jacobine (1792-1794), *par Marc Bouloiseau*
H103. La République bourgeoise de Thermidor à Brumaire (1794-1799),
    par Denis Woronoff
H104. L'Épisode napoléonien (1799-1815). Aspects intérieurs,
    par Louis Bergeron
H105. L'Épisode napoléonien (1799-1815). Aspects extérieurs,
    par J. Lovie et A. Palluel-Guillard
H106. La France des notables (1815-1848). L'évolution générale,
    par André Jardin et André-Jean Tudesq
H107. La France des notables (1815-1848). La vie de la nation
    par André Jardin et André-Jean Tudesq
H108. 1848 ou l'Apprentissage de la République (1848-1852),
    par Maurice Agulhon
H109. De la fête impériale au mur des fédérés (1852-1871),
    par Alain Plessis
H110. Les Débuts de la Troisième République (1871-1898),
    par Jean-Marie Mayeur
H111. La République radicale? (1898-1914), *par Madeleine Rebérioux*

H112. La Fin d'un monde (1914-1929), *par Philippe Bernard*
H113. Le Déclin de la Troisième République (1929-1938),
      par Henri Dubief
H114. De Munich à la Libération (1938-1944),
      par Jean-Pierre Azéma

Collection Points

SÉRIE SAGESSES

dirigée par Jean-Pie Lapierre

Sa1. Parole des anciens. Apophtegmes des Pères du désert,
      par Jean-Claude Guy
Sa2. Pratique de la voie tibétaine, *par Chögyam Trungpa*
Sa3. Célébration hassidique, *par Élie Wiesel*
Sa4. La Foi d'un incroyant, *par Francis Jeanson*
Sa5. Le Bouddhisme tantrique du Tibet, *par John Blofeld*
Sa6. Le Mémorial des saints, *par Farid-und-Din'Attar*
Sa7. Comprendre l'Islam, *par Frithjof Schuon*
Sa8. Esprit zen, Esprit neuf, *par Shunryu Suzuki*
Sa9. La Baghavad-Gîtâ, *traduction et commentaires*
      par Anne-Marie Esnoul et Olivier Lacombe
Sa10. Qu'est-ce que le soufisme?, *par Martin Lings*
Sa11. La Philosophie éternelle, *par Aldous Huxley*
Sa12. Le Nuage d'inconnaissance,
      traduit de l'anglais par Armel Guerne
Sa13. L'Enseignement du Bouddha, *par Walpola Rahula*
Sa14. Récits d'un pèlerin russe, *traduit par Jean Laloy*
Sa15. Le Nouveau Testament, *traduit par E. Osty et J. Trinquet*
Sa16. La Voie et sa vertu, *par Lao-tzeu*
Sa17. L'Imitation de Jésus-Christ, *traduit par Lamennais*
Sa18. Le Mythe de la liberté, *par Chögyam Trungpa*
Sa19. Le Pèlerin russe, trois récits inédits